街場の大学論

ウチダ式教育再生

内田 樹

角川文庫 16589

街場の大学論　ウチダ式教育再生

目次

第1章　ニッポンの教育はどこへ行く

「国民総六歳児」への道

日本の教育は、原理主義的きれいごとをいくら言ってももう始まらないところまで来ている。それだけの危機感を私は持っている。

いまの状況では、「誰が日本の教育をこんなにしてしまったのか?」というような他責的な構文で「犯人探し」をしてもしかたがない。だって、教育問題には被害者だけがいて、加害者がいないからだ。「日本の教育をこんなにしたのは私です」という有責感を持っている人間は文部科学省にも教師の中にもメディアにも保護者の中にも、どこにもいない。誰も名乗り出るはずがないのだから、「責任者探し」をしても始まらない。「誰がこんなにしちゃったのかは知らないけれど、私はたまたま現場に居合わせてしまった。居合わせた以上は、私が何とかするしかない」と考える人たちを（たとえ少数でも）糾合して、手持ちの使える限りのリソースを動員して、できる限りのことをするしかない。私はそう思っているし、そう思っている現場の先生たちは多いはずだ。

メディアではジャーナリストや教育評論家たちが快刀乱麻を断つような発言をしている。

でも、彼らの弁舌がさわやかなのは、教育に関しては何を言っても誰からも効果的な反撃がなされないことがわかっているからである。どんな過激なことを言っても誰からも反論されないことがわかっているときにだけ過激になれる人間の言葉に掬《きく》すべき洞察が含まれている可能性を私は高くは見ない。

日本の教育はどうしてこんなになってしまったのか？　私たちはこの「荒廃」にどんなふうに荷担してきたのか？　このままの状態が続いてゆけば、十年後に日本社会は「漢字が読めない、四則計算もできない、アルファベットも読めない、学ぶということの意味がわからない、労働するということの意味がわからない」大量の「元・子ども」を抱え込むことになるだろう。それは社会的能力を欠いた彼ら自身にとっても不幸なことであるが、それ以上に、彼らを保護するために莫大《ばくだい》な社会的コストを要求される国民全体にとっても不幸なことである。それが弱肉強食の市場原理の要請するところならやむを得ないという「リアリスト」たちもいるだろうが、もう少し長いスパンで考えることはできないのか。「学ぶ」ことができない、「学ぶ」ということの意味がわからない子どもたちがいま組織的に作り出されている。家庭でも、学校でも。しかし、それは子どもたち自身の責任ではない。

子どもたちは被害者である。「学ぶ」とはどういうことか、それを誰も彼らに教えてくれなかったのだから。どうやって、彼らを再び「学び」に向けて動機付けることができるのか……という議論をしている以上、「彼らは『自分探し』の結果、社会的階層降下の道を自己決定したのだから、その社会的劣位は彼らの自己責任において引き受けられねばならない」という物言いに軽々に同意するわけにはゆかない。子どもたちは「学び」への動機付けを生得的に持っているわけではないからだ。

彼らを「学び」へ導くのは大人たちの責任である。

その責任を放棄して、子どもたちに「自分にとって意味があると思うことだけをしなさい」といえば、子どもたちが「学び」に向かうはずがない。

そんなことをすれば、子どもの幼い頭でも理解できる動機付け（「金」とか「名誉」とか「権力」とか「エロス的愉悦」とか）だけを支えに学校に通い続けて（「幼児の動機」を抱え込んだまま大人になる）子どもと、子どもの幼い頭で「面白くなさそうだから、やめた」と学びを放棄した子どもの二種類の「成長を止めた子どもたち」が生み出されるだけである。

そうやって子どもたちの成長を止めたのは大人たちである。

子どもたちに自己決定したことの自己責任を問うわけにはゆかない。子どもたちを自己責任論で切り捨てるよりも、「自分探し」とか「自己決定・自己責任」とかいう有害なイデオロギーを宣布し、いまも宣布し続けている行政やメディアや評論家たちに口をつぐんでもらうことの方が先だろうと私は思う。

「幼児的なモチベーション」でいま日本社会の全体が動いている。

「オレ的に面白いか、面白くないか」と「金になるかならないか」という二つの基準がいまの日本人たちの行動を決定するドミナントなモチベーションになっている。だが、これは「六歳児にもわかるモチベーション」である。

こういう言葉を口にする人間は（たとえ実年齢が六十歳になっていても）六歳のときから少しも知的に成長していないのである。だが、本人たちはそのことがわからない（知的に六歳だから）。

学びを忘れた日本人はこうして「国民総六歳児」への道を粛々と歩んでいる。


（06年7月26日）

「学力低下」は日本人全員が同罪

慶應義塾《けいおうぎじゅく》大と共立薬科《きょうりつやっか》大が二〇〇八年度に合併する。毎日新聞の社説はこのニュースにこうコメントしている。

「来年度は大学・短大志望者が総定員に収まる『大学全入時代』。既に定員割れを起こす大学が相次ぐ中で、今回の合併劇は統合・淘汰《とうた》の時代の始まりを示唆する」

この状況判断はその通りである。しかし、統合・淘汰を手放しで「市場の論理」として受け容《い》れるべきではない。そのことはこれまでも繰り返し申し上げてきた。毎日新聞の社説もその点については留保をしているが、私の見解とはいささかの「ずれ」がある。社説はこう続く。

「こんな時代になったのは、少子化が進んだためだけではないのだ。大学教育の『質の低下』という積年の、本質的な問題がある。(中略) 経済成長や基準緩和の中で増え続けた大学(二〇〇六年度学校基本調査で、国立八十七校、公立八十九、私立五百六十八)は、今、適当な校数へのスリム化が課題なのではなく、真に高等教育の機関として機能しているか、内実を問われているのだ。この根本的な論議を避け、問題を先送りにし、大学の数を減らすだけなら、大学教育そのものが無用とされる時代を招来しかねない。

この部分だけを読むと、大学教育の「質の低下」は主として大学の責任であると解されかねない。これは現場の人間としてはいささか異議のあるところである。どの大学でも、あっと驚くような学力の新入生を迎えて仰天している。「いったい高校まで何をやっていたんだ……」と責任を転嫁しても仕方がないから、中等教育の分の「おさらい」から導入教育（補習ですね）をしている。四月からの授業とあまりにレベル差があるので、入学前の三月から補習を始めている大学もある。

大学教育の「質の低下」の主因は学生の「学力低下」であるが、「新入生の学力」が低いのはどう考えても「大学の責任」ではない。

「だったらそんな学力の低い学生を大学に入れるな」というご意見もあろうかと思う。

なるほど。

だが、その「低い学力」の子どもたちが、それ以上の教育機会を与えられぬまま社会に送り出されることで、日本社会がどのような利益を得ることになるのか、まずそれをご説明願いたい。話はそのあとだ。

世間の方はご存じあるまいが、大学レベルの教育にキャッチアップさせるために、当今の大学教師たちは十年前、二十年前の大学教師たちには想像もつかないような「宿題」やら「補習」やら「添削」やらのオーバーワークを余儀なくされている。定員確保のための「営業活動」を加えると、本学においても教員一人当たりの教育関連の実働時間は十年前の二倍を超えている。もっと過重労働になっている大学もあるだろう。「大学教育の質を維持するための血のにじむような努力」はどの大学も行っている。論説委員は大学の現場をご存じなのであろうか。大学は「もっと努力しろ」で話を済ませてよろしいのであろうか。

学力低下の原因についての「根本的な議論」はもっと深いところから始めるべきではないかと思う。根本的な議論をしろというなら早速させてもらうが、学力低下の原因は日本社会全体が(この毎日新聞の社説も含めて)、学力低下に無意識のうちに荷担しているという事実のうちにある。「根本的な議論」を始めるなら、まずそこからだ。

なぜ学力は低下するか？　それは「学力が低下する」ことが多くの日本人にさしたる不利益をもたらさないからである。というより、「学力が低下する」ことからかなりの数の日本人が現に利益を得ているからである。

人間は(少なくとも主観的には)利益のないことはしない。これがすべての社会問題を考えるときの前提である。

では、子どもたちの学力が低下することから誰が利益を得ているのか？

まず子どもたち自身である。これは考えれば誰でもわかる。子どもたちは「同学齢集団」の中で競争する。輪切りにされた同学齢百万人ほどの中でどこの順位にいるか、ということだけが重要であって、その順位自体は「絶対学力」とは関係ない。偏差値というのはそういうものである。

受験は同学齢集団内の競争であるから、絶対学力の低下は現象としては顕在化しない。そして、同学齢集団内だけの競争においては、必ず集団全体の学力は低下する。メンバー数有限の集団における競争では「自分の学力を上げる」ことと「他人の学力を下げる」ことは結果的には同じことだからである。「自分のパフォーマンスを上げる」ことと「他人のパフォーマンスを下げる」ことでは、どちらが多くの努力を要するか？　これも考えるまでもない。自分が勉強するより、競争相手の勉強を邪魔する方がはるかに簡単である。だから、閉じられた集団で競争させれば、全員が「他人のパフォーマンスを低下させること」に努力を優先的に向けるようになる。授業中に立ち歩くのも、教師に食ってかかるのも、学校の備品を壊すのも、同級生をいじめるのも、子どもたちにとっては結果的にはその時間粛々と勉強しているのと同じ（それ以上の）効果をラットレースでの「勝ち残り」という点ではもたらす。

だから、問題行動をする子どもたちを「不合理な行動」をしているとみなすのはおそらく間違っている。彼らはむしろ合理性に「取り憑《つ》かれている」のである。

受験生を持つ親は、受験シーズンに「インフルエンザ流行」というニュースを見ると、自分の子どもの健康を祈願すると同時に、自分の子ども以外の受験生全員がインフルエンザに罹患《りかん》して高熱を発して試験会場にたどり着けないことを（無意識のうちに）祈願する。

受験シーズンにソニーと任天堂は新しいゲーム機を発売することがある。「クリスマスシーズンですから」とメーカーは説明するし、そう言ってる本人も自分の言葉を信じているのであろうが、携帯ゲームをこの時期に発売することは受験生の勉強への集中力を上げる方向には一ミリも貢献しないことはメーカーの営業は熟知しているはずである。それでもあえてこの時期を選ぶのは、「（自分自身、あるいは自分の子ども以外の）子どもたちの学力をできるだけ低下させることから私は損失よりもむしろ利益を得るだろう」という見通しについての消費者たちの社会的合意が存在するからである。

試みに年末年始のテレビをつけてみるとよい。その中に「日本の子どもたちの学力が低下しているそうですから、どうです、ここは一つ、受験シーズンに子どもたちが勉強に集中できるように歌舞音曲は自制しては」というような「常識的判断」の痕跡《こんせき》を発見することは絶望的に困難である。ゴミのようなバラエティを垂れ流す暇に、『三日間基礎英文法まるかじり』とか『映像で見る世界史48時間集中講義』とか『寝ながら学べるドラマ源氏物語』とか、そういうものを放映した方が、テレビの報道番組でキャスターが額に皺《しわ》を寄せて「この国の学力低下はどうにかならないのでしょうか?」とぼそぼそつぶやいているよりいくらかは効果があるのではないかと私は思うが、私に同意してくれる人間はテレビ業界にはたぶん一人もいない。

別にそれが「悪い」と言っているのではない。人間は「そういうものだ」ということを申し上げているのである。

大学生の学力低下の原因は、「日本の子どもたちの学力が低下することからは（少なくとも私は）利益が得られる」と考えている日本人が社会の相当数を占めているということにある。市場もメディアも親たちもそして子どもたち自身も、日本人の学力が下がることから自分だけは利益をかすめ取ることができると信じている。

その暗黙の合意に基づいて、お互い「他人の学力を低下させること」に努めてきた、その結果、日本は「こんな世の中」になってしまったのである。誰が悪いわけでもない。

メディアだって人のことは言えないはずである。私が新聞に寄稿する記事はしばしば「こんなむずかしい言葉を使っては困ります」と突き返される。

先日は某新聞から「リベラルアーツ」が「読者には理解できないから、説明を入れてください」と言われた。「エビデンス・ベースト」も一蹴《いっしゅう》された。

「では、おたくの新聞は読者の中で一番リテラシーの低い人間を基準に紙面を構成されているわけですね?」と私は訊《たず》ねた。「なら、いっそ、全部ひらがなにしちゃったらどうです?」。記者はしばらく絶句していた。

読者に向かって「わからない言葉があったら辞書を引きたまえ」ときっぱり言い切ることのできる新聞はいま存在しない。おそらくメディアの側は「これはリーダー・フレンドリーということです」と言い訳するだろう。

そうだろうか。そのようなリーダー・フレンドリーネスを追い求めたあげく、現代日本の新聞は半世紀前の新聞と読み比べても、使用できる語彙《ごい》が激減してしまった。「語彙」を「語い」と書き換え、「範疇《はんちゅう》」を「範ちゅう」と書き換えることが子どもたちの学力の向上にどのような貢献を果したのか、メディア関係者からのご説明があれば、お聞きしたい。

というわけで、はなはだ失礼とは思うが、さきほどの文章の中の「大学」を「新聞」に置き換えてそのまま毎日新聞の論説委員にお返ししたいと思う。

「こんな時代になったのは、少子化が進んだためだけではないのだ。新聞の『質の低下』という積年の、本質的な問題がある。(中略)経済成長や基準緩和の中で増え続けた新聞は、今、適当な紙数へのスリム化が課題なのではなく、真にメディアの機関として機能しているか、内実を問われているのだ。この根本的な論議を避け、問題を先送りにし、新聞の数を減らすだけなら、新聞そのものが無用とされる時代を招来しかねない」

彼の大学論はそのまま新聞論としても読むことができる。どんな論件にも妥当する推論形式は「普遍的真理」を語っているとみなすべきか、それとも「具体的なことは何も語っていない」とみなすべきか。そのご判断はみなさんにお任せしよう。

繰り返し言うように、別に私は誰かに学力低下の責めをおしつける気はない。子どもたちの学力低下について「誰の責任だ」と凄《すご》んでみせる資格のある人間は日本には一人もいない。私たちはこの点については全員同罪である。それゆえ、まず自分自身がそれと知らずにどのように「子どもたちの学力低下」に荷担しているのか、その自己点検から始める他ないだろうと思う。

「根本的な議論」はそこからしか始まらない。

（06年11月22日）

文科省を騙《だま》すしかなかった台所事情

富山の県立高校で発覚した履修単位不足問題は全国に飛び火して、少なくとも十万人以上の高校三年生が単位不足であることがわかった。各校は冬休みなどを利用して、補習を行い、単位を確保する予定だが、二百回以上（一回五十分）の補習をこれから卒業までに行わなければ間に合わないケースもあり、現場は混乱の極にある。この種の架空履修はすでに一九九〇年代から行われており、すでに卒業してしまった生徒については遡《さかのぼ》っての卒業取り消しはしないそうである。

ほおほお。そういうことをしていたわけですか。

必修の世界史をネグレクトしたケースが多い。世界史は覚えなければいけないことが多い、というのがその理由だそうである。

なるほどね。そうだったのか。

大学生諸君が世界史の年号どころか世界史的事件について話しても、みんな「きょとん」としているのを不思議に思っていたが、そのせいであったか。「ウェストファリア・

システム」と言っても誰も反応しない。「米西戦争」というようなものがあったことを知らない。「ハワイの併合」の事情を知らない。「フィリピンの独立宣言がアメリカ下院でなされたこと」も知らない。「インドシナ半島をフランスと日本が共同統治していたこと」も知らない。

たしかにこれくらいのものを知らなければ人類の歴史は「グッドガイ」と「バッドガイ」の二極のあいだの戦いであるというシンプルな世界史認識に着地してしまうのも致し方あるまい。

若い方のあいだにナショナリズムがさかんな理由にも納得がいった。世界の歴史を知らない夜郎自大こそナショナリズムの培養基だからである。

え？「夜郎自大」の意味がわからない？

あのね、むかし西域に「夜郎国」という国があったの。ま、あとは世界史の参考書で調べなさい。勉強なんかしなくても、必要があればネットで何でも調べられると豪語する若者がときおりいるが、私はそういうものではないと思う。検索するためには検索のためのキーワードを知っていることが必要だ。しかし、そのキーワードそのものを知らない事項については、検索することができない。

「学ぶ」というのは、キーワード検索することとは別のことである。自分が何を知らないかについて知ることである。自分の知識についての知識を持つことである。それは「知識をふやす」ということとは違う。

「知識をふやす」というのは「同一平面上で水平移動域を拡げること」である。「知識についての知識を持つ」というのは「階段を上がること」である。

ぜんぜん違う。

学校というのは子どもに「自分は何を知らないか」を学ばせる場である。一方、受験勉強は「自分が何を知っているか」を誇示することである。たくさんの教科を学校が用意しているのは、本来生徒たちに「自分が何を知らないか、何ができないか」を知らせるためである。世の中には自分の知らないことがたくさんあるんだ、と思うことができれば、それだけで学校に行った甲斐《かい》はある。

しかし、受験勉強は「自分にできること」に特化することを子どもたちに強いる。もちろんそれにも意味はある。それは「自分にできること」がわかれば、「自分にはできないこと」ができる人々とのコラボレーションを立ち上げることができるからである。「自分の知らないこと／自分にできないこと」の中に位置づけられてはじめて「自分が知っていること／自分ができること」は共同的に意味を持つ。だから、「自分の知らないこと」は「知る価値のないことだ」というふうに思い込む子どもを組織的に作り出しているのだとしたら、そんな学校は存在しない方がましである。

架空履修をした学校の教師たちは、そのような危険な思い込みを生徒たちに刷り込んでいたことに果たしてどれだけ自覚的であったのだろうか。現に、これから始まる受験のハイシーズンに受験と無関係の教科の補習を強いられる生徒たちの多くは激怒している。「そんなもんのためにこのくそ忙しい時に学校になんか行ってられっかよ」と多くの受験生たちは思っているだろう。

思って当然である。「受験に不要な科目なんか勉強しなくていい」という考え方に同意を与えたのは当の学校だからである。

おそらく相当数の受験生はこのあと行われる補習をずる休みするだろう。そのとき、教師たちに「ずる休み」した生徒たちを単位不足で留年させるだけの覚悟があるだろうか。私は「ない」と思う。「大学に受かりさえすれば、学校なんか来なくていい」「受験に関係ない教科は勉強しなくていい」という考え方を学校が公認していた以上、その「教え」に素直に従う生徒たちを罰する倫理的優位性は学校にはない。

しかし、私は教師たちだけを責めるのは気の毒だとも思うのである（これだけ責めておいて、いまさら何であるが）。彼らだって受験のために履修に歪《ゆが》みが生じるような教育計画を進んで立てたわけではないだろう。

学習指導要領で手足を縛られ、その上大学受験の合格実績の数値目標が示され、それをクリアするためには文部科学省を騙すしかない、という窮地に追い詰められての苦衷《くちゅう》の選択であったという台所事情を私とて理解できないわけではない。

教育委員会も文科省も別々に教育政策を混乱させようという悪意を抱いて指導しているわけではない。全員が善意なのである。

全員が善意なのにもかかわらず、というより全員が善意であるがゆえに、いま、教育が崩壊しつつある。私たちが立つべき問題の始点はここである。

（06年10月28日）

教育基本法改正は日本人を「小粒」にする

教育については国は口を出さない方がいいと私は思っている。それは「国が教育に口を出さない方が私にとってよい」ということではなく、「国が教育に口を出さない方が国にとってよい」と思っているからである。

忘れてもらっては困るが、私は熱烈な愛国者であり、日本が住みよい国になって、日本国民がニコニコ幸福に暮らすことを切望する点において、私の愛国心を超える人間としては急に訊《き》かれると村上龍《むらかみりゅう》くらいしか思いつかないくらいのパトリオットなのである。加えて、ガバナンスのコストをできるだけ削減したいと望んでいる点においては、おそらく日本国官僚のうちで私以上に計算高い人間を探すことはまずもって至難の業《わざ》であろう。

その私が言うのだから、信じてほしい。教育のことはそれぞれの教育現場で各自好きにやってもらうのがもっともコストパフォーマンスがよい。公権力の介在は有害無益である。

現に、教育を全国斉一的に管理する機関がなかった時代（つまり明治維新まで）、日本の教育はその当時の世界最高水準にあった。二百七十の藩にはそれぞれ藩校があり、全国に私塾があった。

幕末期における最高最強の教育機関といえば松下村塾《しょうかそん》であるが、これは長州《ちょうしゅう》萩城下松本村に天保《てんぽう》年間に吉田松陰《よしだしょういん》の叔父《おじ》の玉木文之進《たまきぶんのしん》が自宅で開設したものである。それを松陰が引き継ぎ、その門下からは高杉晋作《たかすぎしんさく》、久坂玄瑞《くさかげんずい》、伊藤博文《いとうひろぶみ》、山県有朋《やまがたありとも》、前原一誠《まえばらいっせい》ら維新の中心人物が輩出した。

緒方洪庵《おがたこうあん》の適塾《てき》も天保年間に開設された私塾である。ここに学んだ塾生六百人のうちに私たちは福沢諭吉《ふくざわゆきち》、大村益次郎《おおむらますじろう》、佐野常民《さのつねたみ》、橋本左内《はしもとさない》、大鳥圭介《おおとりけいすけ》を数えることができる（『福翁自伝《ふくおう》』を読むと、その狭さと暑苦しさにはちょっとうんざりするけど）。千葉周作《ちばしゅうさく》の玄武館《げんぶ》は剣道の道場であるが、広義には「私塾」と呼んでよいであろう。玄武館からは坂本龍馬《さかもとりょうま》、清河八郎《きよかわはちろう》が出た（私の高祖父内田柳松《うちだりゅうまつ》も玄武館の門人であったし、あと、赤胴《あかどう》鈴之助《すずのすけ》もそうでしたね）。

これらの私塾が送り出した英傑たちの破天荒な活躍によって日本の近代化は成し遂げられた。その歴史的事実に異論を唱える与党議員も文部官僚もおそらく一人としていないであろう。その上でお訊きしたいのだが、では近代日本史上もっとも成功した教育システムである「幕末の私塾」がなぜ放棄されて、明治の公教育システムは構築されたのか。その理由を四百字以内で説明することができる与党政治家・文部官僚がいたら、ぜひお答え願いたい。

おや、お答えがないようだ。そりゃそうだろう。「幕末の私塾」が生み出したのが「回天の英傑」たちばかりだったからである。そんなものにぞろぞろ輩出されたのでは近代国家のプロモーション・システムは立ちゆかない。「政体を転倒するほどのスケールの大きい人間を作り出す教育システムはもう要らない」ということを暗黙の前提として、明治以降近代の公教育システムは構築されたのである。

「国家須要《しゅよう》の人材」というのは、言い換えると「小粒の人間」ということである。明治以来の日本の公教育システムは「人間の粒」を小さいスケールに整えることを主たる目的として運営されてきた。私が言っているのではない。ミシェル・フーコー先生がそうおっしゃっているのである。

私は「それが悪い」と言っているのではない。国民一人ひとりの人間的スケールよりも、ガバナビリティの方が優先するという政治的判断は「あり」である。だが、その「犯意」についてはぜひ自覚的でありたい。

維新から百四十年、元勲たちの思惑通り、日本人は限りなく「小粒」になった。たしかに「小さい粒」は管理しやすい。けれど、あまりに小さいと今度は管理の「網目」にもかからなくなる。管理ができなくなっているから、文部官僚は慌て始めたのである。

勘違いして欲しくないが、私はガバナビリティの重要性をよくわかっているつもりである。効果的な法治と通貨の安定と国民のモラル維持は統治の基本である。その上で申し上げるのだが、いくら何でももう少し国民の「粒」を大きくする方向に教育政策を補正した方がガバナンス上よろしいのではないか。

今般の教育基本法改正の目標は現行の教育基本法の第一〇条である。第一〇条にはこう記してある。「教育は、不当な支配に服することなく、国民全体に対し直接に責任を負って行われるべきものである」。改正論者たちはこの「不当な支配」という文言がお気に召さないらしい。「支配」する側にいる方たちが「不当な」という形容詞の削除を求めたい気持ちはよくわかる。

しかし、戦後二年目にこの文言を起草した人々は「教育勅語」による管理教育がもたらした惨禍が骨身に沁《し》みていた。だから、「できるだけ教育は国家が管理しない方がいい」という自制の言葉をみずからが制定した法律のうちに書き入れたのである。私はこの経験的知見を重く見る。だが、この自制の言葉がお気に召さない方々が教育の国家管理を強化するために法律を改正しようとしている。

それでよろしいのであろうか。繰り返し言うが、私は愛国者であり、かつたいへん計算高い人間である。その立場から、国民のうちに一定数の「大粒」の人間の出現が間歇《かんけつ》的にではあれ担保されるシステムの方が、そうでないシステムよりも国がクラッシュする危険が少ないだろうと考えている。

子どもを育てるシステムはできるだけ斉一的でない方がシステム管理上安全である。教育を過度に管理することはシステム管理上危険である。そう申し上げているのである。私は「みんな好きにやればいいんだよ、ピース」というような底の抜けた自由主義を説いているのではない。日本のシステムを一日でも長持ちさせたいのであれば、本気でシステム管理上の安全を考えた方がよい、と申し上げているのである。

教育については「とりあえず現場の好きにさせておく」という方向にシフトする方がいまの日本の国益にはかなっている。私は「教育の理想」を語っているのではない。「明日《あした》の日本国の米櫃《こめびつ》」の心配をしているのである。

教育基本法を改正しようとしている政治家や官僚たちがめざしているのは日本人をさらに「小粒」にするという政略である。だが、「国民が小粒になりすぎると管理不能になる」という非情な現実にもう少しまじめに向き合った方がよろしいのではないか。

いや、本気で心配してるんですよ。

（06年11月16日）

成功しすぎた教育行政

ＯＥＣＤ（経済協力開発機構）の学習到達度調査によると、日本の十五歳が宿題や予習復習に割く時間は一日二十五分で、調査に参加した三十二カ国中最低で、「先進国のなかで突出して短かった」と新聞が伝えている（朝日新聞、二〇〇二年十一月二十四日）。

子どもの学力が落ちていること、学習意欲が減退していることについては、違う印象を持つ人もいるだろうが、学習時間が減っているということは間違いのない統計的事実である。教育学者の佐藤学《さとうまなぶ》は、「日本の子どもはいまや、世界一学ばない子どもたちだ」と語っている。その理由として、新聞は「学歴信仰が弱まったからだ」としている。

大学を出てもステータスもないし、就職の当てもない。だから子どもたちは受験勉強をしなくなった、というのである。もう一度昔みたいに景気がよくなれば、また勉強し出すだろうという何だかとんちんかんなコメントをしている人もいた。

しかし、それにしても、話がずいぶん単純化されていないだろうか。私が知る限り、いまどきの子どもたちは私たちの子ども時代と比較にならないくらい勉強「させられている」ように見える。うちの娘が小学六年生のとき、クラス三十八人のうち学習塾に通っていないのはうちの子一人だった。学習塾に子どもたちはずいぶん遅くまで通っているようである。現に、午後十時過ぎに阪急《はんきゅう》の車内で塾帰りの子どもたちに出会うことがよくある。小学校六年生をサンプルにとれば、その年齢の日本の子どもの学習時間が先進国最低ということはあり得ないと私は思う。しかし、この十二歳時点での受験勉強は、この子どもたちの中に「学習意欲」とか「知的好奇心」とかいうものを涵養《かんよう》することにはほとんど資するところがなかった。むしろこの「いやいややらされた勉強」の反動で、子どもたちは以後坂道を転げ落ちるように勉強しなくなり、ついに十五歳時点で世界最低になる、というのが日本の実情ではないのだろうか。

問題は子どもたちの側の学習意欲の消長にあるのではない。そうではなく、ほとんどの子どもたちから学習意欲を組織的に奪い去るように「のみ」機能している家庭と学校の側の問題なのではないか。ただし、私が現行の教育システムに問題ありという時のスタンスは、「教育が崩壊している」と主張する諸賢とはかなり意見を異にしている。

日本の「教育」は実に徹底しており、これほど効率的に一つの規格化された人格を生み出すことに成功している教育システムはおそらく世界に類例を見ないと私は考えている。日本では教育が失敗しているのではなく、成功しすぎているのである。

子どもというのは生来かなり資質や気質や能力や関心にばらつきがある。植物と同じで、子どもたちも適当に水をやり、適当に日に当て、適当に肥料をばらまき、あとは放置しておくと、それぞれの「体癖《たいへき》」のようなものにしたがって、それぞれいちばん「気持ちのいい生き方」を見つけるようになる。私は原理的に教育というのはそういうものだと考えている。

しかるに日本の教育はそういうものではない。

日本の教育の最優先の目的は「子どもたちを均質化すること」にあり、そのために、おそるべき量の時間と金とエネルギーが、この「均質化」事業のために投じられている。「みんなと同じであることを最優先に配慮し、みんなと違うことを心から恐怖する子ども」を作り出すシステムを徹底的に精緻《せいち》化高度化してきた長年の努力の成果が今日のこの「世界一勉強しない子どもたち」なのである。だからこれを教育制度の「失敗」ととらえるのは間違いである、と申し上げているのである。

これは「全国民を均質化したい」という近代日本の揺るぎなき志向の最大の成果なのである。拍手をもって迎える人がいないのが不思議なくらいである。国民の均質化・知性徳性身体能力イデオロギー価値観の均質化は明治国家の最大目標であった。その基本方針は以後百三十年揺らいだことがない。システムがみごとに機能した結果、こうなったのである。

だから、これはシステムの「破綻《はたん》」ではなく、システムの「大成功」なのである。問題があるとすれば、成功しすぎたということである。

いくら子どもを均質的にするシステムを作っても、必ずそこから脱落したり逃亡したりするものがいる。システムというのは、そういうふうに「うまくゆかない」ものである。そして、その少数の「はぐれもの」をある程度ゆるやかに包み込むことによって、システムのアウトプットはむしろ最大化する、というのが人類の経験が教えていることである。

しかるに日本の教育システムは、あまりに「うまくゆきすぎた」ために、システムからドロップアウトするものは網羅的に「排除」されて、病気になったり引きこもったり自殺したりして、文字通り「姿を消し」、彼らがシステムの活性化に関与する機会がなくなってしまった。それが今日の停滞の原因であると私は考えている。もしこれに対処を講ずるのだとしたら、教育システムの効率を「上げる」のではなく、そこにもっとバグやノイズを注入してシステムの効率を「下げる」ことを考えた方がいい。私はそう思う。

最悪なのは、全国一斉一律に「勉強する子ども」はどうやったら作り出せるかの「模範解答」を処方しようとすることである。現に、ある心理学者は「子どもというのは、勉強させるような負の圧力をかけないとぜったいに勉強しないものであるから、強制した方がよいのだ」というような意見を具申している。おそらくこれに唱和する人も少なくないだろう。教育システムを「さらに効率化させる」ことで危機を回避しようとするこの発想そのものが、日本の教育システムをさらに悪化させる他ないということにこの人々は気づかないのである。「ゆとり教育」も「スパルタ教育」も、「愛国教育」も「民主教育」も、「教育というのは、全級一斉に、ある仕方で効率的に子どもを方向づけするものである」という了解においては双生児のように似ている。そういうことを唱道する人間には「全級一斉」教育というものについての疑念がひとかけらもない。「全級一斉で何かを教える」ということが教育の形態としては、きわめて特殊なものであり、「大衆社会」の出現後（すなわちニーチェとオルテガとハイデガーが口をきわめて罵倒《ばとう》した「均質的な人間たち」の支配の時代）のものにすぎない、という基礎的な歴史理解が彼らには欠如している。

いまの問題を「システムの失敗」ととらえるなら、当然、その処方箋《しょほうせん》は、システムの点検整備、管理の徹底、夾雑物《きょうざつ》の排除、誤差の修正、異論の排除などという方向に向かうだろう。そして、官民一体・産学協同・挙国一致の同意に基づいて史上最強の「完璧《かんぺき》な教育システム」が創出されることを彼らは夢見ているのである。

そんなことをしてもよいことは何もないよ、と私は申し上げているのである。そんなことをしたら、ますますいまの教育が成功していってしまうではないか。「こういうのを止めよう」と思うなら、「こういうの」を作り出してきた「やり方」そのものを懐疑しなければならない。同じやり方で繰り返す限り、出てくるのは「こういうの」だけである。

「昔の子どもはもっと勉強した。あの時代に戻そう」という説を唱える人がいる。それほど戻したいのなら、別に戻してもいいけれど、やり方は一つしかない。非常に簡単だから、たぶんそれを採用することを主張する人がいずれ出てくると思うけれど。

　それは勉強しない子どもに回復不能の傷を与えるということである。いちばん簡単なのは、ある学年から、勉強できない最低ラインの子どもたちを「組織的に排除し、みんなでいじめる」という教育方針を採ることである。クラスで下位五％の子どもは胸に「黄色いダビデの星」をつけた「賤民《せんみん》」に類別し、他の「市民」たちと差別待遇する（暖冷房のない教室をあてがうとか、朝礼のときに、最後まで校庭に立たせるとか）。子どもたちは必死で勉強するであろうし、親だって額に青筋立てて勉強させるであろう。むろん学力はぐいぐい上がる。だって、日本人にとって何より大切なのは「みんなと同じであること」だからである。「マークされること」、「群れから抜けること」を日本人は恐れる。ほとんど存在論的に恐れる。群れから離れることを恐怖する教育を徹底してきたおかげで、上から下まで、老若男女全員がそういう人間になったのである。

　よく私たちの上の世代の人々が、「私らが学生のころは、みんな西田《にしだ》幾多郎《きたろう》の『善の研究』や三木清《みききよし》の『人生論ノート』や阿部次郎《あべじろう》の『三太郎《さんたろう》の日記』を読んだもんだ。それに比べて今どきの若いもんは本を読まん。困ったものだ」というのを聞く。この慨嘆《がいたん》老人たちは自分たちが「今どきの若いもん」とそのエートスにおいてまったく同一であるということに気づいていない。この老人たちも「自分のとなりにいるやつ」と同じ本を読んでいないと大勢から脱落しそうで怖いという点において、今どきの若者とまったく同一の思考の生理に律されていたということに彼らは気づいていない。「成員が均質的であることを望む」という点において、日本のシステムは上から下まで中央から末端まで、すべて「均質的」なのである。

十五歳の子どもたちが一日二十五分しか勉強しないのは、三十年前の十五歳の子どもたちが一日二時間勉強したのと、同じ理由である。みんながそうしているからそうしているのである。みんなと同じじゃないと怖いからである。みんなが塾に行くなら、自分も行く。みんなが勉強して大学に行くなら、自分も行く。みんなが欲しいものは、自分も欲しい。そういう社会なんだから、みんなが勉強しないなら、自分もしない。みんなが欲しがらないものは、自分も欲しくない、というふうになるのは、あたり前田《まえだ》のクラッカーである。

そういう骨の髄まで他者志向の子どもたちを日本社会は作り出してきた。「そういう人間」を「みんなで」一生懸命に作り出そうとして作り出してきたのである。だから誰に対してであれ、いまさら文句を言うのは筋違いというものである。そういう子どもをこれ以上量産するのを止めたいということを本気で考えている人間がいるなら、その人はまず自分の子どもが「みんなと同じでいなければ、生きて行けないのではないか」という恐怖を感じずに生きて行けるように、ただ一人でも「均質化の圧力」に抗しておのが子の独自性を愛し、育み、守る、というところから始める他ないだろう。

「世間」のことはどうでもよろしい。「世間」のことは「ほうっておく」というところから始めないと始まらない。親や教育者自身が、「みんなと同じであること」にはたいした意味がない、ということを身を以《もっ》て子どもに示すしかない(もちろん「たいした意味がない」だけであって「まったく意味がない」わけではない。若い人はそのへんを勘違いしないようにね)。

「全級一斉に個性を開花させよう」とか「均質化の圧力にみんなで抵抗しましょう」というような主張をして、「ねえ、みなさんもそう思いますよね? じゃ、みなさんご一緒に教育を改革して、個性豊かな子どもを作りましょう!」というような発想そのものが「日本的システム」を再生産することにすぎないのだということに日本の人々はいつ気づくのだろうか。

(02年11月24日)

学ぶことそれ自体がもたらす快楽

『希望格差社会』の著者、山田昌弘《やまだまさひろ》さんの「パイプラインシステムの破綻《はたん》」(『中央公論』二〇〇六年四月号)を読む。説得力があった。

大学医学部を出ると「医者」になれる。大学院の博士課程を出ると「大学教員・研究者」などにたどりつく。というふうに、「出口」で就ける職業が安定的に確保されている学校教育システムを「パイプラインシステム」と呼ぶ。ところが産業構造の変化にともなって、このシステムが変調を来した。「出口」が急速に変化し、細り始めたのである。にもかかわらず、パイプそのものの構造や口径は以前と変わっていない。大学院の場合などは出口がどんどん狭くなっているときに、逆にパイプの口径を拡大してしまった。

「パイプがなくなった」というのではない。パイプに入っても、どこへ出られるのかの予測が立たなくなったのである。「大卒だからといってホワイトカラーになれないということは、大学に行かなくてもいいことを意味しない。大学に行かなければホワイトカラーになるのはもっと難しいということである」。これはかなりストレスフルな状況だ。パイプから漏れた人にとって、小学生から営々として積み重ねてきた勉強が無駄だったということになるからである。「勉強してもリターンが確実に期待できない」という不安が、勉強に対するモチベーションを弱め、学力低下を招く。このように、山田さんは説明している。これは誰にもよく納得のいく説明だ。

もう一つ、「とりあえずパイプには入れる」ということがかえって適切な自己評価を妨げるという問題点がある。大学はもう「全入」に近い状態だし、専門学校もいくらもあるし、親は教育投資を惜しまない。とりあえず「パイプ」には入れる。このあと運さえよければ、はなやかな職業について、お洒落《しゃれ》なシティライフを送れるかも知れない……という夢だけは節度なく膨《ふく》らむ。しかし、実際には、ひとにぎりの卒業生しか、そんな予定通りの仕事には就くことができない。

「同じパイプ」から出たにもかかわらず、一部の卒業生たちは期待通りの職業に就けた「教育勝ち組」になり、その他は「教育負け組」にカテゴライズされる。例えば、同じ大学院博士後期課程を出ても、大学の専任教員になれた人間と非常勤講師をしている人間では、待遇は天と地ほど違う。大学院で受けた教育に差がなく、本人の研究能力にも差がないのにもかかわらず、社会的待遇にこれだけ差が出ると、学生たちは大学院を職業教育機関としてはもう信頼できなくなるだろう。

明治以来、日本の学校教育が機能してきたのは、「どのくらい勉強すれば、どのような職業に就けるか」の相関が安定的だったからである。努力に見合うアチーブメントが保障されなければ、当然にも努力する動機は損なわれる。

私は山田さんのこの指摘に八〇％賛成で、二〇％ほど留保がある（反対というわけではないけど）。二〇％というのは、ある職業に就ける確率が上がれば人間の学習意欲が上がり、その確率が下がれば学習意欲が下がる、というほどにことは簡単ではないように思えるからだ。院生の頃私は「大学の教師になりたいけど、たぶんなれないだろう」と思っていた。なにしろ専門はまるで知る人のいないフランスの哲学者であり、研究業績への評価はほとんどないに等しく、留学経験も学位もなく、フランス語の学力に大いに問題があることは本人も熟知していたわけであるから、将来について楽観的になれるはずがない。

私は博士課程を出て、オーバードクターを何年かして、それでも専任の口がなければ、あきらめてまた会社勤めをしようと思っていた。でも、そのことは私の学習意欲をそれほどには損なわなかった。というのは、「いずれサラリーマンになってしまうのだとすれば、思い切り勉強できるのは、いましかない」と考えたからである。「結果をどう評価されるかという期待で不安になること」よりも、「自分がやりたいことを思い切りできるいまの身の上を幸運と思うこと」を優先させたのである。だから、博士課程において、私は学力は決して高くはないが、研究のモチベーションだけは非常に高い院生だった。

そのとき私は「こうやってばりばり勉強していれば、きっといつか『いいこと』がある」という未来予測の確かさに支えられて勉強していたわけではなく、「こうしてばりばり勉強できるという『いいこと』が経験できるのは、いまだけかも知れない」という未来予測の不透明性ゆえに勉強していたのである。学問研究というのは、わりと「そういうもの」ではないかと思う。

例えば、学徒出陣で応召した学生たちの中には、入営の直前まで専門書を手放さなかった者がたくさんいた。

それはその専門研究が軍隊で大いに役立ち、彼の昇進や延命に資することが期待されていたからではない。むしろ、そのような知的活動の価値が軍隊では顧みられないことが確実であるがゆえに、知的渇望が亢進《こうしん》したと考える方がロジカルだろう。

私は山田昌弘さんに異論があるわけではない。でも、学習を動機づける人間的ファクターの中には、「努力に対する将来的リターン」の期待だけではなく、「努力そのものから得られる知的享楽」も含まれるということを言っておきたかったのである。そして、たぶんいまの学校教育でいちばん言及されないことの一つが、「学ぶことそれ自体がもたらす快楽」だということである。

（05年３月15日）

FDの二つの目的

FDについて考えてみたい。ご存じない方もおられるであろうから、簡単にご説明しておこう。FDとは（Faculty Development＝ファカルティ・デベロップメント）すなわち「大学教授団の資質開発」のことである。

大学の先生というのは「教員免状」を持たない。小中高の先生は教育学の基礎を学び、教育実習を経験した上でなければ教壇には立てないが、大学の教師は論文の出来だけで採用されて、そのまま教壇に立たされるから、教育スキルを組織的に開発された経験がない。だから発声とか板書というような最低レベルにおいてさえ教育スキルの標準をクリアできない先生がいる。教授たちの教育スキルを開発する組織的訓練の場をどのように保障するか、これがFDの第一の課題である。

もう一つFDの課題は大学の「大衆化」によってもたらされた難問である。都市部の大学進学率はとっくに五〇％を超えている。二人に一人が大学に行く以上、大学はもはやエリート養成の場でも、高度専門職の養成の場でもない。「ハナコも行くし、タローも行くから、おいらも行く」という均質志向のモチベーションだけで子どもたちが続々と大学にやってくる。

そういう人たちの知的ニーズに応《こた》える教育サービスを提供しなければ、彼らだって教室では私語したり歩き回ったり携帯でメールを打ったりしていないと間が持たない。そうして欲しくなかったら、学生たちが十分な関心と興味をもって臨める授業を行う他ない。そのためには、学生の知的情緒的な「成熟度」（というより「未成熟度」だな）を正確に把握した上で、その学生たちが「さしあたりもっとも必要としている知的技術と学術情報」とは何かについて真剣に考慮しなければならない。

ことは単にOHPやAV資料やコンピュータを駆使したらどうこうなるという水準の問題ではない。もっとデリケートで人間的な問題だ。学生と教師、学生と学生のあいだにインタラクティブで温かいコミュニケーションが保障された「学習の場」の立ち上げがなされなければならない。そのためには、どうすればよいのか。それが第二の課題である。

FDはこの二つの問題に対処するために提起された。FDには私見によれば矛盾する二つのモメントが含まれている。

一つは「蛸壺《たこつぼ》」にこもって大学の社会的機能の変化にも学生の知的成熟度の変化にも気づかないで十年一日の授業をしている「個性的な教師」たちを一度強引に日の当たるとこ

ろに引きずり出して、現況についての了解を共有して頂く、という仕事である。ここでいう「現況」とは単に大学の大衆化というような客観的現実のみならず、そのような現実に対応できていない教員ご本人の教育能力の「欠如」という現実をも含んでいる。

教員たちを「グローバル・スタンダード」において「査定」し、教師としてのクオリティがどの程度のものなのか、教育マーケットにおける彼ら一人ひとりの流通価値がどの程度のものなのかを知らしめること、これがFDのとっかかりである。場合によっては市場価値の低い教師には研究費の削減、降格、減俸、免職といったペナルティが科されることもあるだろう。

いまの日本の大学では一度専任教員になってしまったものは、どれほど研究教育実績が貧弱でも定年まで身分保障されている。これが大学教員のモラル・ハザードの原因であることはご指摘の通りである。一九八〇年代の文部省（現・文部科学省）調査によれば、過去五年間に一本の学術論文も書いていない大学教員は全体の二五％に及んでいた（いまはもっとひどいことになっているかも知れない）。研究をしない教員は別に学生の教育に熱心なわけではない。たいていは単にだらけているだけである。しかし、教員を査定するだけでは、単に大学に市場原理を導入した、というだけのことで、あまり気分がよろしくない。

大学がまるごと市場原理に呑《の》み込まれて、あらゆる教育研究活動がデジタルに数値化され、活動の一つひとつに値札がつくというのは、考えてみるとストレスフルな職場環境だ。そういう場が独創的な研究や温かい人間的交流にとって有利な環境だとは思えない。私だって、そんなところではあまり仕事をしたくない。

ここにＦＤの第二の仕事がある。

すなわち、斉一的な規格化・数値化に抗して、規格にはずれ、数値化になじまない生身の人間（そこには教員だけでなく、学生も当然含まれる）の深みや重みを擁護してゆくこと、斉一的な査定になじまない真にオリジナルなものの存在権を保障すること、これもまたＦＤの大事な仕事なのである。

教員の活動を網羅的に規格化・数値化することと同時に、規格化・数値化になじまない「人間的価値」を擁護すること、その二つの矛盾する「みぶり」を同時に行うこと、そこにＦＤの妙諦《みょうてい》がある。またこの二つは同時に行われなければ意味がないのである。

規格化・数値化を回避し続けて、「査定されない特権」に安住してきたせいで、大学教員のモラル・ハザードは進行している。だから査定は必要であるのだ。だが査定するだけでは大学という空間が持っているある種の「逃れの町」としての「開放性」は圧殺される。だから、規格化の試練を経て、なお生き延びるだけのパワフルな「非規格性」は断固として擁護されなければならない。

逆説的なことだが、「規格化・数値化になじまない真に独創的な仕事」を際立たせるためには、規格化・数値化のプレッシャーをかけて、そこに厳しいフリクションを生じさせることが必要だ。

個性とは個性を頭ごなしに圧殺する環境にあって、それにもかかわらず、どうしても際立ってしまうというかたちで発現するものなのである。個性がつぶされる環境で簡単につぶされるような個性は教員のものであろうと、学生のものであろうと、もとから個性と呼ぶに値しないのである。

（01年10月13日）

学びからの逃走・労働からの逃走

大学院のゼミは「現代若者論考」。

どうしてこれほど若者論がさかんなのかという院生の発題である。私もあれこれの若者論をずいぶん読んだ。その上で、感じることは「どれも一理ある」ということである。「一理ある」けれど、「一理しかない」。自分以外の方々の若者論との「共生」や「相互啓発」に開かれているものはあまり多くない。というか、端的に少ない。

ほとんどの若者論は無意識のうちに「排他的」な言葉づかいをする。それぞれが依拠している資料・データ・統計数値・臨床例・個人的経験が違うのは当然である。だが、自分が依拠している資料や自分が行使している推論の仕方は信頼性が高く、他の論者のそれは信頼性がないということを証明するのはたいへんむずかしい。それはほとんどの場合、同語反復になるしかない。

私はこういう種類の排他性を好まない。社会の変化は「同時多発的」であり、ぜんぜん関連のない領域に「ぼこ、ぼこ」と発現する。一つの地殻変動が複数の徴候を示すことがある。だから、「私だけが現実の変化を見ていて、お前たちが見ているのは仮象である」という言い方はできるだけ自制した方がいいと思う。

若者論がこれだけ繁昌《はんじょう》するのは、この現象をきちんと記述できるような学術的枠組みが私たちの手持ちの社会理論にはないからである。そういうときは、みんなで集まって、「ああでもないこうでもない」とわいわい騒ぐ、というのがこういう場合の対応としてはいちばん健全なものだと思う。

誰か一人が「オレが全部説明してやるから、お前らは黙っていろ」というような言葉づかいで仕切ろうとすると私はちょっとげんなりしてしまう。若者論の大枠は「学びからの逃走・労働からの逃走」というトレンドが心理的な問題（若者の内面の問題）なのか、経済的な問題（雇用の仕組みの問題）なのかという対立に収斂《しゅうれん》している。

「ニート非難派」はこれは「心の問題だ」、だから「しゃっきりしろ」と一喝《いっかつ》すれば問題は解決すると言い、「ニート擁護派」はこれは「雇用の問題だ」、だから行政が手厚い制度改革をすることが何より重要と言う。

あのさ。そんなの「両方の問題」に決まってるんじゃない。「しゃっきりしろ」と一喝したって、事態は変わらない。「勤労の義務」は憲法二七条に明記されているのであるから、ニートは存在自体が違憲なのである。存在すること自体が違憲であるところのもの

(他にもありますね)をどうやって「おやじの一喝」くらいで補正できましょう。そのような心理や生活習慣が生成し定着するには長く深い前史が存在するはずである。

一方、「雇用の問題」だという方々はクールでリアルな施策の必要性を説く。でも、雇用の問題を行政レベルでリアルに考えるということは、雇用機会の拡大にしても、職業訓練機会の拡大にしても、年金制度や奨学金制度の充実にしても、要するに「金が要る」ということである。

だから、金が要るんだよ。みなさん、最後にはそうおっしゃる。だが、それが「金があれば社会問題のほとんどは解決できる」という思想に同意署名しているということにはもう少し自覚的であった方がいいのではないか。

いま観察されている「学びからの逃走・労働からの逃走」という趨勢《すうせい》は、そういった経済合理性の原理に対する子どもたちの側の違和感や拒否反応を間違いなく原因のうちに含んでいる。

「マルクス主義がどうもぴんと来ないんです」と言ったら、「それはウチダ君に階級的自覚が足りないからだ。まずマルクスを読み給え」という革命的同志が昔いた。「フェミニズムがどうもしっくり来ないんです」と言ったら、「それはあなたが父権制から受益しているセクシスト強者だからよ。いいから上野千鶴子《うえのちづこ》を読みなさい」というフェミニスト同志が昔いた。

何か変、と私は思った。だから、私にはニートの気持ちがちょっとだけわかるような気がするのである。

「どうも勉強する気にも働く気にもならないんです。つうか、金ってそんなに大事ですか」と言ったら、「何を言ってるんだ。さ、お金上げるから、勉強して、仕事をしなさい」と言われてもね。

（06年5月3日）

第2章　入試の風景

「もう打つ手がない」というのが本音

二〇〇六年度入試の採点。

たいした枚数ではないので、すぐに終わる。

すぐに終わるのはうれしいのだが、それは志願者が減ったということであって、大学経営上はいささかもうれしいことではない。

総合文化学科は前年比でプラスになった。

それが不思議である。正直申し上げて、人間科学部はさまざまな新しいプログラムに意欲的かつ組織的に取り組んでいるのに対して、わが総文はそれほど組織だったことはしていない。三年ほど前にカリキュラムをかなりさわったが、できることはだいたいやってしまったので、もう「打つ手がない」というのが本音のところである。とりあえず、日々の教育活動をていねいにする他にはすることがない。

しかし、それが意外に奏功しているという考え方もできる。新学部、新学科、新プログラムというのは、志願者に対するアピールである。

「これからこんなすばらしい、時代のニーズにキャッチアップした教育が行われますよ!」と対外的なパブリシティに力を入れるということは、在学生に対しては「キミたちは時代のニーズに遅れた、あまりぱっとしない教育を現に受けているということだよね」と告げているのに等しい。

実際にそんなふうにへそをまげる学生はいないだろうけれど、対外的にアピールするために限りある教育資源を投じてしまうと、在学生に対する気づかいがその分目減りすることは避けがたい。

この「さじ加減」がむずかしい。

総文は志願者を増加させるためのアピーリングな事業をあまりやっていない。総文叢書《そうしょ》というものを出しているけれど、地味な出版事業だから、高校生にその学術性が評価されるとは考えにくい。

三年ほど前から、一年から四年までの全期間にゼミを必修として、クラス担任のようにゼミの教員がかなり細かく面倒をみるシステムを導入したけれど、「かなり細かく面倒みてます」というだけのことであって、あんまり面倒みてない教師ももちろんいるし、「干渉して欲しくない」というインディペンデントな学生さんもむろんおいでになる。

その教育効果を数値的に示せといわれても、困る。個人的には、廊下ですれ違うときに

「あ、先生、こんちは」と挨拶《あいさつ》する学生の数が増えたし、「相談があるんですけど」と言ってくる学生が増えたし、「先生のうちに行っていいですか」とわが家を宴会場がわりに使う学生の数が増えたということは事実としてあるけれど、こんな数値を統計的に処理して文部科学省に提出するわけにゆかない。

でも、私は存外「そういうこと」がたいせつなんじゃないかと思っている。本学程度の規模の大学の場合、卒業生が「やあ、なかなか楽しい四年間だったなあ」と思ってくれて、それを機会があるときに「ぽろり」と周囲に漏らす程度のパブリシティで、そこそこの志願者は集めることができる。別に何万人も要るわけじゃないんだし。

どうしよう、どうしようとあれこれ工夫することもたいせつだけれど、いまいる学生たちと日々愉快に過ごす方が結局長いスパンでは有効なのではないかという気が私にはする。

こっちも楽だし。

（06年2月1日）

文部科学省による学校支配

センター試験の初日。

雪が降るのではと心配されたが、晴れてくれてほっとする。センター試験の受験生は本学を志願するわけではない「お客様」であるので、粗相《そそう》のないようにしなければいけない（別に本学の志願者には粗相があってもよいということではない）。

全国一律の試験なので、わずかなミスでも全国紙に麗々しく報道されて「粗忽《そこつ》な教職員のいる大学」というネガティブ・キャンペーンを行われてしまうからどの大学も必死である。そういう「恐怖のシステム」を作り上げることそのものが共通一次導入の文部科学省の政治的ねらいの一つであったと考えるなら、このプランはみごとに奏功したことになる。

今年から新たにリスニングが導入された。

学習指導要領の改訂に伴って、高校でのリスニング教育が義務づけられたことに伴う措置である。文科省がいくら「オーラル重視の英語教育をやれ」と言っても、現場の教師が「そんなことは必要ない。英語はまず読み書きだ」と思えば、役人には手が出せない。だが、「センター試験にリスニングを出す」ということになれば、受験生は教師の教育理念よりもわが身がかわいいから当然「リスニングの授業をもっとやってください」と言い出す。

文科省と生徒に挟撃《きょうげき》されては、教師もおのれの教育理念を譲らざるを得ない。

一方では市場原理の導入によって学校を「弱肉強食」の淘汰《とうた》競争の中に放り込み、他方で学校を文科省の思惑をつねにうかがわねば生きてゆけない存在として規定する。「誰にも保護されずに生存競争を強いられている弱者」ほど官僚から見てコントロールしやすい存在はないわけだから、文科省の学校支配の政略はみごとに成功したと言わねばならない。

拍手。

本学の本年度の志願者数は（明日《あした》まで最終結果が確定しないが）、前年比九〇％というあたりである。十八歳人口の自然減を勘定に入れると、ほぼ前年並み。前年比五〇％というような大学が多い中では善戦というべきであろう。

私立の中には志願者が十万人減、五万人減というようなところもある。十万人減の大学は受験料収入だけで三十五億からの収入減になったということである。

これらの大学はどこも新学部、新学科を作ったり、高校を系列化したり、土地の買収をしたり巨額の先行投資をしているから、その矢先に冷水を浴びせるような志願者減はダメージだろう。

全国七百校の四年制大学のうち、定員割れの学部学科を抱えていない大学はすでに約百校にまで絞り込まれた（本学はその中に踏みとどまっているが）。受験料収入・授業料収入がそのように減少し続ける中で、巨大私学はどこも「拡大路線」を選んだ。「チキンレース」である。最初に悲鳴をあげたところの負けである。負ければそれまでの先行投資がすべて水泡に帰すわけであるから、どこの大学でも意地を張り続けて、あるだけの金をつぎ込む。そして、業績が悪化すればするほどハイリスク、ハイリターンの「起死回生」の大博打《ばくち》を打とうとするだろう。

つまり、これで負けたプレイヤーの「負け方」は（どのような規模のものになるのか私にはうまく想像がつかないが）半端なものでは収まらないということである。

（06年1月22日）

面接想定問答集にある呪文

面接試験のときに、うっかり「本学志望の動機は?」とか「高校時代での印象的な出来事は?」というような質問をすると大変なことになる。

たちまち、高校生諸君は『大学案内』のコピーをそのまま暗誦《あんしょう》してきたようなストックフレーズを「呪文」のように唱え出すからである(「高校時代の出来事」で、「文化祭で、最初はばらばらだったクラスがやがてまとまり、最後はみんなと力を合わせて一体となったときの感動は忘れられません」というのもこれまで百回くらい聞かされた。たぶん、高校の進路指導室常備の「面接想定問答集」の一番先に出ている例文なのであろう)。

恥ずかしげもなくできあいのストックフレーズを口にしておけば、世の中どうにか渡って行ける、というような世間を舐《な》めた態度を私は評価することができない。高校の進路指導の教師も、少しは頭を使って考えて欲しい。

面接官は同じような問答を朝から数十回から繰り返して、すごく「疲れている」人たちなのである。志願者との口頭試問を通じて、「心が和らぐ」とか「疲れたが癒される」とか「破顔一笑する」とかいうことをこそ切望しているのである。

そのような疲れ切った面接官に向かって、木で鼻をくったような応接をすれば、面接官の「むかつき」度というものが一気に上昇する、という理路がなぜご理解頂けないのか。

私はそのストックフレーズの「コンテンツ」に文句を申し上げているのではない。みなさんが、文化祭でのクラスの団結に感動したのも本当なのだろうし、本学の伝統ある校舎と緑の多いキャンパスに惹《ひ》かれたのも真実なのであろう。

しかし、問題はそれが「伝わる言葉」で語られているかどうか、ということである。

ちょっと違う話をしよう。私のいる研究棟から文学館へのゆるいスロープを上ってゆくと、ときどき右手の中高部の校舎から「ねえ、おねがい」「何を言ってるのよ」「だからさっきから言ってるじゃない」「だめよ、あなた、何もわかっちゃいないんだから」というような対話が聞こえてくる。おお、中高の生徒諸君もなかなか元気にコミュニケーションを展開しているな……というふうに私は決して思わない。

だって、それは演劇部のお稽古《けいこ》なんだから。校舎の中はスロープからは見えないし、そこでやりとりされている言葉は、ふつうの生徒諸君が日常やりとりしている種類のものである。にもかかわらず、それが生徒諸君の「素の」対話であるのか、お芝居のお稽古であるのかは一秒でわかる。日常の言葉と発声法が違うからである。音の響きが違うからである。

そこにはぜんぜんリアリティがない。頭の中にあらかじめできあがって保存してあるストックフレーズを、きっかけが来ると「印字」して出しているときの人間の言葉は「すっきりしすぎている」せいで、「それ」とわかってしまう。そこにはふだんしゃべるときのような「ためらい」も「前のめり」も「気まずい間」も「嘘くさいことを言うときだけ早口になる」ことも、そういう微細なトーンやピッチの変化がまったくぬぐい去られて、平板に流れてゆく。

そういう平板な口調は、言葉が「身体のフィルターを通過していない」ということをあらわにしてしまう。

言葉は身体というフィルターを通過すると、深みと陰影と立体感を帯びる。

それは身体が言葉に抵抗するからだ。頭の中で「次のせりふ」を決めておいたのに、口がうまく動かない、ということはしばしばある。それはそれがどこか「嘘くさい」と自分で思っている場合もあるし、そのフレーズに含まれる言葉のどれかに軽い「トラウマ」がある場合もあるし、単純に口腔《こうこう》の構造がその物理的音声を発生しにくいという場合もある。

言葉は身体というフィルターを通過させると独特の響きを獲得する、ということを知悉《ちしつ》していた作家に太宰治《だざいおさむ》がいる。

太宰の最晩年のエッセイ『如是我聞《にょぜがもん》　四』は新潮社の編集者を深夜、電報で呼びだして口述筆記させたものである。太宰は編集者の前でコタツに入って、酒杯を含んだまま、「蚕が糸を吐く」ように、よどみなく最後まで口述したという。

ところが、一九九八年にこの口述筆記された『如是我聞　四』の「草稿」が発見された。それは発表原稿とほとんど一言一句変わらなかった。つまり、太宰はまず草稿を書き、それを暗記し、それを聴き手の前で暗誦してみせたのである。どうして草稿があるのに、太宰はそれを渡さず、あえて口述筆記をさせたのか。どうして、そんな手間暇をかけたのか。おそらく太宰は「言葉は身体を通過することでしかある種の説得力を獲得できない」ということを知っていたのである。

言葉に対する「身体的検閲」とでもいうべきものが存在する。それは、「嘘くさい言葉」に「これは『嘘くさい言葉』です」という刻印を押してしまうのである。それはある種の「平板さ」、ある種の「無徴候性」という刻印である。理路が整合的であり、文飾が華麗であるにもかかわらず、「読み飛ばしたくなる文章」というものがある。あまりにもすべすべとなめらかであるせいで、読者はそこに足をとどめておくことができない。

身体は、「なめらかすぎる言葉」には「無徴候性」という負の刻印を押すことで、それを「読ませない」という仕方での復讐《ふくしゅう》を果たすのである。

太宰は自分の文章を一言一句「飛ばし読み」させないために、あえて身体的検閲を自分に課した、と私は想像している。すべての語から「無徴候的なめらかさ」を削《そ》ぎ落とし、一つひとつの語に凹凸や肌理《きめ》や温度差リアリティを与えて、そうやって言葉が帯びた「ひっかかり」や「ねばつき」によって、言葉が深く強く長く読者の身体に「食い込む」ことを太宰は望んだのである。

それはボールにつばをはきかけて予測不能の回転を与えようとするスピットボールの禁じ手に少し似ている。私は別に面接試験の志願者に太宰治のような言語能力を求めているわけではない。そうではなくて、人と人が出会うときに優先的に配慮されるべきなのは、言葉の「コンテンツ」ではなく、言葉を差し出す「マナー」だ、ということである。

太宰の文学がその現時性を失いながらもなお今日に読み継がれるのは、彼が自分の言葉が「深く強く長く読者の身体に食い込むことを望んだ」からである。それと同じように、まとまりのある、つじつまのあったことをしゃべるのが勧奨されるのは、その方がそうでない場合より相手に届く確率が高いからである。

ことの順逆を間違えてはいけない。よりたいせつなのは「言葉が届く」ということであり、「つじつまのあったことをしゃべる」ことではない。

今日の初等中等教育では「自分の意見をはっきり口にする」ということは推奨されてい

るし、技術的な訓練もなされているようだけれど、残念ながら、「自分の意見」は「はっきりしているだけでは、聴き手に届かない」というもっとたいせつなことは教えられていないようである。

（03年11月15日）

強烈な香水で頭がくらくら

センター試験の二日目。今日は試験監督に動員される。

本学のような私学でもセンター入試による入学定員枠があるので、そのお返しとして会場提供をして、教職員が動員されるのである。

もちろん本学で受験する方々も、ほとんどは国公立大学志望の方々なので、本学とはあまり関係がないのである。だが、まだ受験校を決めていない人の中には、本学の「日本一美しいキャンパス」を見てくらくらとなって志望校にお加え下さるケースもあるので、営業上、センター入試監督もあだやおろそかにはできないのである。

センター入試では何時何分に何を言うのかすべて決められており、決められていない台詞《せりふ》を口にすることは許されない。全国一斉に同じ時間に「ただいまより問題冊子を配付します」という同じ台詞をおそらくは数万人の教師が教壇で口にしているわけである。

天上から耳を澄ませると、「ただいまより……」が「倍音」になって聞こえるかも知れない。

全国どの会場でもまったく同一の条件で試験がなされねばならない建前であるから、どのようなトラブルが発生しようとも、「臨機応変に対処する」ということは許されない。すべて規定通りに対処しなければならない。したがって「こんなトラブルが起きたら、こう対処してください」というマニュアルが事前に配付されるのであるが、年々その「事例」の数がふえてきて、とても読み切れない量になってきた。

ぱらぱらとめくるうちに、「こんなことが私の会場で起きたらどうしよう……」というようなむずかしい事例を想像してしまう。「受験票の写真と写真票の写真が違う」というような場合は本人と照合して「同一人物」であることがわかれば問題はないのだが、「受験票の写真と本人がぜんぜん似てない場合」というのはどうすればよろしいのか。

試験場で「かぶりもの」や「はちまき」をしている受験生はご本人に何か特別の理由がある場合には許可をしてもよいとされているが、「山高帽」や「烏帽子《えぼし》」を着用に及んだ場合はどう対処すればよろしいのか。

事例集にはなかったが、毎年困惑するのは「強烈な香水」をつけてくる受験生である。試験監督でかたわらを通過してさえ頭がくらくらするほどである。隣り合わせた受験生の苦しみは筆舌に尽くしがたいものであろう。このような対処事例を精緻《せいち》化することにはいずれ限界があるのだから、いっそ「いろいろあるだろうけれど、不運は人生につきものだから、ま、我慢してね」ということで受験生諸君にはご海容願えないであろうか。

（04年1月18日）

入試説明会。高校生千六百の瞳《ひとみ》

兵庫県立柏原《かいばら》高校の「進路探求WEEK—ほんとうの『知』に出会う」のオープニングイベントの基調講義というものをするために丹南篠山口《たんなんささやまぐち》から一七六号線を長駆して柏原へ行く。高校からの講演のお座敷がかかった場合、原則として万障お繰り合わせの上参上することにしている。なにしろ高校に営業に行って「進路指導の先生にお会いしたいのですが……」と言っても、「先生はお忙しいから、パンフだけ置いて帰って」とけんもほろろの応対をされたことも一度や二度ではない。進路指導の先生が会ってくれるというだけでもありがたいことであるのに、今度は先方の進路指導の先生から「来て高校生に講演をしてください」というご依頼である。え、高校生に直で営業しちゃっていいんですか？

しちゃいますよ。

さくさくと車を走らせて柏原に着く。着いてびっくり。ここは関ヶ原《せきがはら》以来の柏原藩の城下町だったのである。柏原高校は旧制中学から数えて開学百十年、旧藩校のような格の高校である。

廃県置藩は私の年来の持論である。こういうコンパクトな城下町が丹波《たんば》の山中に忽然《こつぜん》と出現するのが幕藩体制の強みであるが、この話をしだすと長くなるので割愛。

早く着きすぎて、吉田《よしだ》校長（三月まで県立西宮《にしのみや》高校の校長さんだったから本学の隣組である）にお相手をして頂いて、柏原高校の歴史と今後の展望についてお話を伺う。

明日から四十三の講座が一週間の間続き、毎日のように京阪神《けいはんしん》の大学や各種の学校から講師が来て、高校生たちに進路のご案内をするという気合いの入った企画である。最初に私を呼んで基調講演をさせようというあたりに「いかがなものか」的要素もかいまみられるものの、総じてまことに意欲的な教育プログラムと申し上げてよろしいであろう。

しかし、考えてみたら、私は高校生相手に講演なんかしたことがこれまでにない。出張講義というのは二、三回経験があるが、これはほんの二十〜三十人規模のもので、時間も五十分。全校生徒八百人を体育館に集めて、その前で七十分しゃべるというのは初体験である。

もし、これで生徒たちがあくびをしたり、私語をしたり、立ち歩いたりされてしまっては、「先生はえらい」などと大言壮語をしてきた私の面目まるつぶれである。

どうやって七十分間黙って話を聴いてもらえるか。

かねて用意の小ネタでお茶を濁すわけにはゆかない。私自身がハイテンションの憑依《ひょうい》状態になって、舞台上で「あああ、何かが降りてきた」というふうにならないと十五〜十八歳のみなさん八百人の注視を維持することはできない。

こういうときには必殺技があって、ここでこっそりご紹介しておくのだが、「体育館に集められたけれど、講師の話がつまらないぜ、けっ」と思っている高校生の心理ならびに身体運用ならびにリアクションのくさぐさについて、記述的な描写をするところから始めるのである。

人間は自分の「口まね」をされると絶句する。諸君はいま、前方に足を投げ出して、目を半開きにして、「たりーぜ」というシグナルを全身を記号化して表現されておるけれど、これは悲しいほど定型的な身体運用であって、あなたはそれと知らずに既成の身体運用文法に繋縛《けいばく》されており、すでに「出来合いの高校生型」というピットフォールに落ちこんでいるのであるという話から始めると、そういう態度がたいへんしにくくなる。

フェアな手ではないけれど、相手が八百人である。こちらも多少はくさい手を使わないと勝負にならない。いつも申し上げているように、こちらの「話の先」を読まれてしまうと、一瞬のうちに緊張感が解けてしまう。

だから、絶対に「話の落としどころ」がわからない話だけを選択的にする。

とはいえ、何を言っているのかわからない話だけをしていたのでは基調講演にならない。

それに「教育崩壊と経済合理性」という大仰なタイトルだけはパワーポイントででかでかと舞台中央に映し出されているのである。

柏原高校は風水的にたいへんすばらしいロケーションであるというところから始める(これはほんとうの話である。旧藩の陣屋敷があるところなのであるから、風水的にいいに決まっている)。諸君はその風水の良さを皮膚で感知しているかな。私にはこの場にみなぎる力が感じられる。だが、諸君にはそれがわかるだろうか。

というようなことを言われると、高校生諸君も、とりあえず「皮膚」の感度を上げて、「ほんとうかな?」とチェックをする。皮膚の感度を一度上げていただければ、オッケーである。

こちらは何といっても愛と和合の合気道家である。インターフェースの感度を一度上げてもらえれば、あとはその肌理《きめ》にじりじりと入り込むことができる。そのためにこそ気の錬磨の稽古《けいこ》を三十年からやってきたのである。「自分探し」の虚妄について、「駒形《こまがた》」の泥《ど》鰌鍋《じょうなべ》おじさんについて、ストックフレーズの呪縛について、時間と身体を割る技法について、ハル・ブレインのドラミングについて、「学び」の本質について、「メノンのパラドクス」について、七十五分しゃべり続ける。

最後まで生徒諸君は静かに聴いていてくれる。話を終えて、生徒諸君の温かい拍手を浴びると、思わずピースサインを出して、「柏原ベイビー、愛し合ってるか～い」と言いたくなるが、さすがに自制。講演後、校長先生、教師のみなさん、高校生たち、保護者のみなさんをまじえて座談会。

女子高校生から「お話面白かったんですけど、横文字多くて、ちょっとわかりにくかったです」と言われる。

わからない言葉ありました？と訊《き》くと「インターフェースっていうのが、ちょっと……」と言われる。

おおお、キーワードが。

「でも、話を聴いているうちに、だいたいそういうことかな……ってわかりました」

ああ、よかった～。

テンションが上がったままなので、いろいろとご質問があるのをいいことに、一人でしゃべり続ける。帰りがけに進路指導の先生方には「これから公募推薦、指定校推薦、一般入試とございますので、ぜひ生徒のみなさんを神戸《こうべ》女学院大学へ」とお願いする。

（06年10月２日）

入試問題に用いられやすいテクスト

郵便受けを見ると、「神戸女学院大学」からお荷物が届いている。げげ、また何か仕事を押しつけられたかと暗い気持ちで部屋に戻り、包みを開くと「御礼」とある。私は神戸女学院大学からお給料を頂いている身分であるが、大学から「御礼」を頂く筋合いではない。

はて？

すると別便で大学の入試課からの封書があり、拝読すると、そこに「本学人間科学部の二〇〇三年度入試問題に著作の一部を使用させていただきましたが、そのような事情のために事前に許諾を得ることができませんでした。つきましては粗品を」と書いてある。なんと、本学の編入試験の問題に『「おじさん」的思考』の一章が使われていたのである。

私の脳裏にはただちに次のような光景が想起された。人間科学部の入試出題委員のどなたかが入試出題を依頼されていたのを「ころっと」忘れていた。「あの、先生、今日が締め切りなんですけど……問題案を出してないのは先生だけで」と出題委員長から研究室に電話がある。げげ、これはまずいと思った某先生、電話がかかってくるときにちょうど読んでげらげら笑っていた研究所配布のウチダ本を見つめて、「うーむ、これもご縁か」とコピー機に駆け寄る。

まあ、人間科学部の先生方はウチダと違って「きちっと」した方ばかりであるから、そのようなことはなく、数十点の候補テクスト（丸山眞男《まるやままさお》、小林秀雄《こばやしひでお》などを含む）を数時間にわたって熟読玩味《がんみ》したのちに、「これしか、ありませんな」「そうですな、やはり、これしかないです」とご英断を下されたというのが真相であろう。ともあれ、敬愛するご同輩たちによって本学の入試問題にふさわしい見識と品格を備えたテクストとしてご選定頂いたということは不肖ウチダ身に余る光栄と言う他ない。

奇しくも本日の朝、旺文社《おうぶんしゃ》からメールがあって、拙著の一部が日大文理学部の本年度入試問題に使われたので、来年度の「国語の参考書」に採録したいというお申し出があった。

学術論文の場合は「被引用回数」というのは、その論文のクオリティを測る一つの基準であるが、入試問題にたびたび引用されるというのは、どういう基準によるものなのであろうか。

私が考えるところの入試問題に用いられやすいテクストの基準は、

（1）何を言っているのか、一読しただけではよくわからない

（2）しかし、再読、三読すると「なるほど、そういうことって、あるよね」と高校生（中学生）にも得心がゆく

（3）しかも、ところどころに読みにくい漢語や、やや専門的な術語がさりげなく配されている

（4）くわえて、文章に文法上の間違い、誤字脱字などがない（ことを祈る）

（5）さらにくわえて、高校生や中学生が受験の前に読んでいる可能性が低い（とほほ）ということではないかと愚考する次第である

「天声人語」の入試出題頻度が高いという理由で朝日新聞の購読者が一定数確保されているという動かしがたい事実がある以上、私の書き物が入試問題に頻出するということになると、全国の受験生たちが、「とりあえずウチダの本だけはおさえとくか」という功利的ご判断によって拙著をまとめてお買い上げになるという展開もあながち幻想とばかりは言い切れぬのである。

（03年4月11日）

第3章　ウチダは何を教えているのか

「上野千鶴子って誰ですか」

私はあまりものごとに動じない人間であるが、今日はかなり驚いた。

基礎ゼミでの出来事である。今日のお題は「エビちゃん」。「エビちゃん」と言えば合気道部的には三代主将であった「浜松《はままつ》のエビちゃん」のことだが、その話ではない。「それは誰ですか?」という私の問いかけに一年生のゼミ生諸君はたいへん不思議な顔をしていた。『Cancam』の専属モデルの「エビちゃん」という二十六歳の女性のことである。

私はもちろん『Cancam』を購読しておらないし、テレビもほとんど見ないので、そういう方が数カ月ほど前から全日本的規模で、十代、二十代女性のロールモデルになっているという事情を存じ上げなかったのである。

ふーむ。そうですか。もちろん、その程度のことで私は驚きはしない。驚いたのはその先である。

で、その彼女がポピュラリティを獲得した理由について、本日発表をしたKカドくんが社会学的分析をしてくれたのである。不況時には「稼ぎのある、強い女性」が人気を得るが、好況時には「アクセサリー的に美しい、庇護欲《ひご》をそそるような女性」が人気を得るという法則があり（知らなかったよ）、その景況による嗜好《しこう》の変遷にともなって、デコラティブな美女であるところの「エビちゃん」が現時点での女性理想像なのだという説明をして頂いた。

発表者のKカドくんも「大学デビュー」に際しては「エビちゃん」系でファッションを整える方向で精進されているそうである。ふーむ、たしかに、そういうこともあるかも知れない。しかし、それってさ、フェミニズム的にはちょっと問題発言だよなと申し上げたところ、ゼミ内にやや不穏な空気が漂った。あまり納得されていないのであろうかと思い、さらに言葉を続けた。

だってさ、そういう男性サイドの欲望を基準にして女性の理想型が変化するのはありとしてもさ、キミたちがそれを無批判にロールモデルにするのって、フェミニズム的にはまずいんじゃないの。どなたからも声がない。

「あの……」

中の一人が勇を鼓して手を挙げた。

「はい、何でしょう」

「『フェミニズム』って何ですか？」

「え？」

「キミ、フェミニズムって言葉知らないの？」

見渡すと、十三人いたゼミ生の大半がゆっくり首を横に振った。ちょっと待ってね。

「『フェミニズム』って言葉、聞いたことがない人っているの？」

八人が手を挙げた。

「聞いたことはあるが意味を知らないと言う人は」

二人が手を挙げた。

さすがの私もこれには驚いた。

「『上野千鶴子』って、知ってる？」

全員がきっぱり首を横に振った。

ちょっと、待ってね。「フェミニズムはその歴史的使命を終えた」と私が数年前に書いたのは、事実認知的な意味ではなくて、遂行的なメッセージとしてである。「歴史的使命はそろそろ終わって頂いても、ウチダ的にはぜんぜんオッケーなんですけど」ということを言いたくて、いささか先走り的なことを申し上げたのである。戦略的にそう言ってみただけで、まさか、「ほんとうに終わっている」と思っていたわけではない。

言い添えておくけれども、うちの一年のゼミ生たちはなかなかスマートな諸君である。

これまでのゼミでのディスカッションを拝聴する限り、コミュニケーション能力は高いし、批評的知性も十分に備わっていると見た。その方々が「フェミニズムって、何ですか？」である。

つまり、二〇〇〇年くらいからあと、中学生、高校生時代の彼女たちのアンテナにフェミニストはまるで「ヒット」しなかったということである。

これは困った。私は公然たるアンチ・フェミニストであるけれど、このような事態を待望していたわけではない。繰り返し書いている通り、フェミニズムはその歴史的使命を終えたが、それがもたらした最良の知的資産は損なわれることなく次の世代に継承されなければならないと私は思っているからである。

だが、フェミニスト的知見の次世代への継承はどうもうまく行われていないようである。それは「この世の中がろくでもないのは、みんな『あいつら』のせいだ」という他責的な語法をフェミニストが濫用したせいで、結果的にそのような語法そのものが批評的なインパクトを失ったせいではないかと思う。だって、いまの日本のメディアもエスタブリッシュメントもみんな「そういう語法」でしか語らないから。十代の少女たちはそういう言い方にたぶん食傷しているのだ。そんなことといくら言っても、何も変わりはしないということを彼女たちは実感的には熟知しているのである。

私はフェミニズムの「知的資産の継承」を望んでいる。

そのためには、「フェミニズムって何ですか?」という少女たちの出現を構造的危機として重く受け止めるフェミニストの出現が急務であると思う。それを「父権制のイデオロギー装置が奏功して、子どもたちはみんな洗脳されてしまったのだ」というような他責的な構文で説明して安心するのはよした方がいいと思う。

ゼミ生中の読書家であるM野くんが、訝《いぶか》しげに「『フェミニスト』って……『海辺のカフカ』で……あの図書館に来る人のことですよね?」と確認を求めてきた。

そ、そうなんだけどさ。あの多分に戯画化されたフェミニストのありようだけがわずかにインパクトを持っているというのは、ちょっとまずいのでは。

フェミニストのみなさんは過去五年間、少女たちにどんなメッセージを届けようとしていたのであろうか。とりあえず「あまり届いてないみたい」ということだけはたしかなのでご報告申し上げるのである。


(06年5月20日)

メディア・リテラシーを備える

一年生の基礎ゼミの最初のレポートに「就きたい職業」というものを課してみた。「就きたい職業」について、「その仕事に就いている人はどんなことに幸福を感じると思うか？」「その仕事のいちばん苦しい点は何か？」「その仕事に就くために自分に欠けているものは何か？」「その仕事に対する自分の適性は何か？」の四つの設問に答えつつ作文をしてもらった。十六通のレポートが届いた。どれもたいへん面白かった。

いちばん希望者が多かった職業は何でしょう？　たぶん、だいたいご想像がつくと思うけれど、「メディア関係」である。アナウンサーが三名、ナレーターが一名。

やっぱりね。わりと平凡だね、という感想を持たれるかも知れない。

だが、実際にレポートを熟読してみると、話はそれほど簡単ではない。アナウンサー志望の一名とナレーター志望の一名が書いていたのは、「声の力」ということであった。

よい着眼点である。彼女たちは「女子アナ」というきらびやかな職業に憧《あこが》れているというよりは、むしろ自分の「声」に人々が耳を傾け、それによって人々の意思や判断に変化が生じるという状況に憧れている。なかなか野心的で奥行きの深い欲望である。

人に言葉を届かせるために必要なものは何か？　彼女たちはそう自分に問う。そして、「正しい日本語運用能力」「積極性」「滑舌《かつぜつ》のよさ」「幅広い知識」「自信」「英語力」などを挙げている。

もちろん、そういうものも必要だ。けれども、言葉が「届く」ためには、もっと重要な条件がある。というわけで、赤ペンを手にレポートの余白にさらさらと感想を書き込む。

言葉が聴き手に届くために必要な条件とは何だと思いますか？　それは何よりも「聴き手に対する敬意」と「メディア・リテラシー」です。そして、この二つは実は同じことなんです。

メディア・リテラシーとは日本語で言えば「情報評価能力」ということだと思います（たぶん。私の理解ではそうです）。「情報評価能力」なら、メディアが報じる情報の真偽や信頼性について適切な判断ができる力、というふうにふつうは思いますね。

でも、私はそれはちょっと違うんじゃないかと思うんです。たいせつなメディア・リテラシーは「外から入ってくる情報」に対する適切な評価ができるかどうかじゃなくて、むしろ「自分がいま発信しつつある情報」に対して適切な評価が下せるかどうかではないでしょうか？　自分が伝えつつある情報の信頼性について、重要性について、適所性について、ついて、きちんと評価が下せるかどうか。自分が伝える情報は真実か。それは伝えるだけの価値のあることか。それはいつどのような文脈の中で差し出されることで聴き手にとってもっとも有用なものになるか。そういう問いをつねに自分自身に差し向けられること、それが情報評価能力ということではないかと私には思われます。

どうしてかというと、人間は他人の言うことはそんなに軽々には信じないくせに、「自分がいったん口にした話」はどれほど不合理でも信じようと努力する不思議な生き物だからです。ほんとですよ。

「お前のためを思って、言ってるんだ」

というのは人を深く傷つける言葉を告げるときの常套句《じょうとうく》ですが、この言葉を口にしている人は「私はこの人を傷つけるために、あえて傷つくようなことを言う」という「真実」を決して認めません。ご本人は「お前のためを思って」という（端《はた》から聞くと恥ずかしいくらいに「嘘くさい」）フレーズを心から信じているんです。「自分がいったん口にした言葉」だから。それだけの理由で。

不思議な力です。「どうして私みたいな善良で無垢《むく》な人間がこんな不幸な目に遭わなくちゃいけないの！」ということを言う人がときどきいます。この種の言葉の呪縛力は強烈です。

こういう言葉をいったん口にしてしまった人はもう「自分の悪意が他人を傷つける」可能性の吟味には時間を使わなくなります。

自分の発した言葉が自分の思考や感性を呪縛する力の強さを侮ってはいけません。だから、メディアにかかわる人間の「情報評価能力」はまずもって自分自身の伝えるメッセージの「真偽」と「重要性」と「適所性」について向けられなければならない、私はそう思います。

その評価の努力は「聴き手に対する敬意」によってしか担保されません。

いくら滑舌がよく、博識で、英語ができて、自信たっぷりな人でも、その人が「自分の話を頭から信じ込む」タイプの人であれば、その人のメディア・リテラシーはきわめて低いと断じなければなりません。そして、その人のメディア・リテラシーの低さは聴き手に対する敬意の欠如ときれいにシンクロしているんです。

だから悲しいことですけれど、いまのマス・メディアには、そういう意味でのメディア・リテラシーを備えた人はほとんどいない、ということですね。

まことに残念ですけど。

（05年4月20日）

就職活動は「時間割通り」にやりなさい

ゼミが始まる。

新四年生のゼミは初回から欠席者が六人というありさま。卒論研究計画の提出日だというのに。

就職活動というのは、そんなにたいせつなものなのであろうか。繰り返し言っていることだが、もう一度言わせて頂く。大学生である限り、就職活動は「時間割通り」にやりなさい。

諸君はまだ大学生である。いま、ここで果たすべく期待されている責務を放棄して、「次のチャンス」を求めてふらふらさまよい出て行くようなタイプの人間を私たちは社会人として「当てにする」ことができない。

当然でしょ。いま、ここでの人間的信頼関係を築けない人間に、どうしてさらに高い社会的な信認が必要とされる職業が提供されるはずがありましょうか。

そんなこと、考えればわかるはずである。

「おっと、こうしちゃいられない」

地獄への道はこの言葉によって舗装されている。これは長く生きてきてわかったことの一つである。みんなそうつぶやきながら破滅への道を疾走して行った。

古来、胆力のある人間は、危機に臨んだとき、まず「ふだん通りのこと」ができるかどうかを自己点検した。まずご飯を食べるとか、とりあえず昼寝をするとか、ね。別にこれは「次にいつご飯が食べられるかわからないから、食べだめをしておく」とかそういう実利的な理由によるのではない。

状況がじたばたしてきたときに、「ふだん通りのこと」をするためには、状況といっしょにじたばたするよりもはるかに多くの配慮と節度と感受性が必要だからである。人間は、自分のそのような能力を点検し、磨き上げるために「危機的な状況」をむしろ積極的に「利用」してきたのである。「きゃー、たいへんよー!」と言ってじたばたしていると人間の能力はどんどん低下する。

まわりがみんなじたばたしているときに、とりあえず星を見るとか、とりあえずハイデガーを読む、というようなタイプの人間を「胆力のある人間」というふうに私たちの社会は評価する。そして、当たり前のことだけれども、まともな企業の人事の人間が探しているのは、業績不振というような風聞を聞きつけて「きゃー、たいへんよー!」とあわてて就業時間中に求人誌をめくって転職先を探すような社員ではなく、落ち着いてふだん通りに仕事をてきぱきと片づけてくれるタイプの社員に決まっているのである。

まともな大学の教師の学生評価基準と、まともな企業の人事の新入社員評価基準は、基本的に変わらない。

「えー、ぜんぜん違うよー」

あ、そう。だとしたら、君はいま「間違った大学」に通っているか、これから「間違った企業」に入ろうとしているか、そのどちらかである。

いずれにせよ、君の人生は、これから先も無数の「間違い」によって編み上げられてゆくことであろう。

（04年4月21日）

大学教授、夏休みの過ごし方

おお、七月だ。あと少しで夏休み。

こんなことを書くと世間の人々は怒り狂うであろうが、七月末から十月まで私たち大学教員には夏休みというものがある。しかし、誤解して頂いては困るが、この二カ月余を私たちは寝て過ごしているわけではない（ちょっとはするけど）。

基本的には学期のあいだにはできなかった「まとまった仕事」をこなすのである。どこにも行かないで、毎日じっと家のなかで机に向かっていると、パソコンや文献と一体化してきて、バイオメカノイドというかマキナ・アカデミカというか「読書―思考―執筆―機械」のようなものに化身する。

よく「企業の歯車になんかなりたくない！」というようなことを叫ぶ人がいるが、どうしてそれがいやなのか、私にはよくわからない。歯車、楽しいぞ。私はかりこりとペーパーを産出していると、自分が「論文生産機械」の歯車になったようで、たいへんに気分がよい。

ふだん学期中は、機械になりたくても、頻繁に「人間に戻って」講義をしたり、会議に出たり、学生さんに卒論指導をしたり、悩み相談をしたりしなければいけない。そのつど声色を変え、立場を変え、意見を変え、価値観を変えるので、たいへん忙しい。

なぜ、そんなにころころ態度を変える必要があるか、訝《いぶか》しがる人がいるかも知れない。実は、それが私の仕事なのである。大学での私の役目は、私の前に立っている人が「何を言って欲しいのか」を聞き取って、それを本人になり代わって言ってあげるというものである。

なぜって。だって、ふつう誰だって「自分が聞きたいこと」しか聞かないでしょう。聞いてくれないことをしゃべっても時間と労力の無駄である。

どうせなら、聞いてニコニコしてもらう方がおたがいに気持ちがいい。他人の意見を自分の意見みたいにして語るのはけっこう楽しいし。

ある学生には「人間の基本は自立だ。いますぐ家を出て自活しなさい」と説教し、その次に来た学生には「親のすねを齧《かじ》るのは大事な親孝行だよ。いたわっておやりよ」と説教する。ある学生には「本なんか読まなくていいから自分で考えなさい」と言い、別の学生には「自分の枠を超えるためには本読むしかないでしょう」と言う。

ときどき「先生、前とお話が違うようですが」と怪訝《けげん》な顔をする学生がいるが、それはね、君が成長したということなんだから、それくらいのことは我慢しなさい。

（06年7月1日）

第４章　大学がつぶれてしまう

大学がなくなればゴーストタウン

いま、日本の大学は四〇%が定員割れをしている。

採算不芳部門を切り捨てて、適切なリストラを果たせば、そのうちのいくらかは生き残ることができるかも知れない。しかし、その一方でマンモス私大はこの局面で拡張路線をとり続けている。

現在、四%のマンモス私大が志願者の四五%を集めている。遠からず、このパーセンテージは六〇~七〇%にまで上がるだろう。そのようにして、千二百ある大学短大のうちの半数近くが「市場から淘汰《とうた》される」として、それは市場の要請するところだからそれでよいのだといえるのだろうか。

大学の統廃合や淘汰が進行すれば、いずれ「無大学県」も出てくるだろう。大学は地域の教育研究の中心であると同時に、図書館、情報施設、スポーツ施設、緑地など多様な文化的機能を担っている。それが「市場に淘汰された」という理由で荒れ果てたゴーストタウンになることが地域住民にとって、それほど歓迎すべきことなのであろうか。

少数の学校法人が高等教育を占有し、教員数千、学生数十万というような大学がいくつか残り、地方都市ほどの規模の巨大なキャンパスの中で、教員も学生もカフカの『城』の住民たちのように、大学行政部門のテクノクラートたちが陣取る不可視の「象牙《ぞうげ》の塔」を見上げるような大学において、研究教育が多様で豊かな展開を遂げるだろうか。

私の貧しい想像力を動員する限り、大学淘汰のゆきつく先に見えるのは荒れ果てた風景ばかりである。これら教育の荒廃の全件に共通するのは、「市場原理」「経済合理性」で教育を論じる風儀である。

教育を「畢竟《ひっきょう》、金の問題」と言い切るリアリズムがそのすべてに伏流している。「金で買えないものはない」と豪語するグローバリストと、「弱者にも金を分配しろ」と気色ばむ人権派は、教育にかかわる難問は「金で何とかなる」と信じている点で、双生児のように似ている。

日本の教育は「金になるのか、ならないのか」を問うことだけがリアリズムだと信じてきた「六歳児の大人」たちによって荒廃を続けている。どこまで日本を破壊すれば、この趨勢《すうせい》はとどまるのであろうか。

私にはまだ先が見えない。

（06年7月26日）

就学機会を保障しなければならない

大学淘汰の波がだんだんと足元をぬらし始めてきた。

「全私学新聞」(そういうコアな業界紙があるのだ) によると、文部科学省は今後、「私立大学の経営悪化・破綻《はたん》」、それにともなう在学者の就学機会喪失という一連のカタストロフを見越した「私立大学経営支援プロジェクトチーム」を発足させることになった。

いよいよ、という感じがする。

すでに私立大学の三〇%が定員割れを起こしており、単年度の帰属収入で消費支出を賄えない学校法人もすでに全体の三割に達した。その中での経営支援プロジェクトだが、もちろん傾き始めた私大に投入できるような原資は文科省にはない。

だから、文科省が行うのは「経営分析を踏まえた助言・指導を通じて学校法人の自主的な経営改善努力を促す」ことであり、それでも沈没しそうな大学には「在学者の就学機会の継続確保」のための法的措置を講じるというものである。

「仮に近い将来、学校の存続が困難になると判断される場合でも、まずは在学生が卒業するまでの間、学校を存続し授業を継続できるよう、最大限の努力を促す」

そして最終的に大学が破綻した場合には「近隣大学等の協力を求め、転学を支援する」のである。つまり助言や根回しはする、在学生の就学機会の確保も手伝うけれど、教職員のことはあずかり知らない。雇用確保のための自助努力はあなたたちご自身でやりなさい、ということである。

京都の大学コンソーシアムをはじめ単位互換を行うグループはだんだん整備されてきている。表向きは「いろいろな大学で興味のある科目が学べるよ」という学生フレンドリーな制度であるけれど、内向きの事情は「どこかの大学が破綻したときのために、在校生の就学機会を確保しておく」という「保険」の意味も含んでいる。

すでに多くの大学が「大学の経営破綻」を勘定に入れて、破綻にハードランディングしないですむような手立てを講じ始めた。

繰り返し言う通り、「破綻への備え」の公共的に認知されている最優先課題は学生の就学機会の保障である。教職員の雇用機会の保障ではない。教職員の雇用機会の保障は誰もしてくれない。文科省もメディアも学生も保護者も地域社会のみなさんも、誰一人「つぶれる大学の教職員の雇用」に配慮する気はない。そのことを全日本の大学人諸氏にはぜひお覚え願いたいと思う。

私たちの雇用は私たち自身が確保しなければならない。それはこの大学淘汰状況において、経営的にきびしい大学のスタッフにとっては「労働強化を受け入れる」「賃金の切り下げを受け入れる」「福利厚生その他のサービスの劣化を受け入れる」というようなことである。給与を上げますから、その分教育サービスの質を上げてくださいというのはリーズナブルな申し出であるが、給与を下げますけど、教育サービスの質を上げてくださいというのは飲み込むのがむずかしい要請だ。

しかし、経営的に大磐石《だいばんじゃく》という一部の大学を除くと、日本のほとんどの大学教職員はこの「教職員の労働強化と実質的な賃金切り下げ」の逆風の中で、教育サービスの質的向上を果たすことを義務づけられている。

そんなの不条理だ、という人もいるだろう。しかし、この不条理に耐え抜くことのできない大学は遠からず淘汰される。不条理に耐えても雇用を確保するか、条理を通して路頭に迷うか。

選択に迷う人はいないと思うが、そうでもない。

先日、大学のある委員会で私は不思議な発言を何度か聞いた。それは「金の話なんかしたくない」というものであった。

私たちは教育者だ。夢のある教育活動や新しいプロジェクトについて語りたい。「立派な教育プログラムですが、原資がないので実施できません」というような教育者をディスカレッジするようなことを言わないで欲しい。

そうおっしゃった先生方が何人かいらした。金がないとできないことがある。たしかにディスカレッジングリーにリアルだ。しかし、この「ディスカレッジングなリアリティ」は私たちが大学の教育プログラムについて新たな計画を構想するときに、勘定に入れ忘れることのできない与件である。

大学教育は大学が存在する場合にしか行うことができない。だから、「大学をどう存続させるか」というのは大学人にとってたいへん緊急性の高い論件である。

その話をしているときに、「そういう話は聞きたくない。大学教育の中身について語りたい」という気持ちを私は理解できないわけではない。私だって金のことなど考えずに、夢のような教育プロジェクトについて語れ、それで雇用に不安がないなら、どれほど幸福だろうと思う。

しかし、それは家が火事になりかかっているときに「消火活動については聞きたくない。それより新しい家具の購入計画やその配置について話したい」と言っているのに似ている。ファンタスティックだ。

（05年4月18日）

どうして私学は愚行を繰り返すのか

入試最終日。午前中だけ英語の試験監督。

受験生が少ないので仕事は監督も採点もらくちんである。

しかし、この「らくちん」はぜんぜんよいことではない。できることなら、教室から受験生があふれ、トイレの前には長蛇の列、試験の採点のために三日三晩、宝塚《たからづか》ホテルにカンヅメにされた教員たちがノイローゼでつかみ合いの喧嘩《けんか》……というような状況の方が経営的にはたいへん好ましいのである。

しかし、志願状況を拝見するに少なくとも関西エリアではそのような「うはうは」状態は記憶の彼方《かなた》に消えたと申し上げてよいであろう。データによると、志願者数が前年比一〇〇％を超えた大学はほとんど存在しない。一月二十八日段階で京都では同志社が一一七％で一人勝ち、「常勝」の立命館でさえ八四％。あとはほとんど討ち死に状態である。本学のライバル校である同志社女子大が七九％、京都女子大が七四％。

もちろんこれらの数値はまだ最終的に確定したものではない。後期入試が残っている大学では、これにかなりの上積みがあると思って頂きたい。

大阪は悲惨である。関西大学の九一%が最高で、あとは軒並み前年比三〇～六〇%。兵庫では関西学院大学が一〇一%でダントツ（前年比一〇〇をクリアしたのはここだけだ）。阪神間の女子大を見ると甲南《こうなん》女子が六六%、生活文化学科を新設した神戸松蔭《しょういん》女子学院が大健闘の九四%、親和《しんわ》女子と神戸女子が六〇%、武庫川《むこがわ》女子が八〇%。その中で本学は八八%。

これはまあ「健闘」と申し上げてよい数字であろう。

とりあえず京阪神エリアで受験生を競合する女子大（京都女子、同志社女子、武庫川女子、本学）の中では一位を確保したことになる。

それにしても、関西私大の凋落《ちょうらく》ぶりはすさまじい。

二〇〇四年度ですでに相当数が前年比五〇%というような下落傾向だった。そのさらに五%ということは、わずか二年で七五%のクライアントを失ったということである。

すでに全国私学の定員割れ学科数は三〇%に達しているが、今年は四〇%を超えるかも知れない。定員割れが続けばいずれ確実に「経営破綻《はたん》」する。

教職員数を大幅に減員したり、教育インフラへの投資を減額すれば、短期的には支出を抑えることができるが、そのようにして教育サービスの質を低下させた大学を選択する学生がいるはずがないので、これは自殺行為だ。つまり、いまの教育環境を維持すればさらに採算割れし、経営を優先して教育環境を低下させれば志願者はますます離れて行く……という「進むも地獄、退《ひ》くも地獄」状況にこのあと相当数の私学が追い込まれて行くのである。

どうして「こんなこと」になったのか？

みなさんだって不思議だろう。大学のマーケットサイズは「十八歳人口」であり、そのサイズはいまから十八年前に端数まで明らかだったのである。二十年前から二〇〇五年には「こんなこと」になるのがわかっていたのである。それでいながら、ほとんどの私学が有効な対策を講じないまま便々と歳月を過ごしてきた。

私学の経営者と教授会が思いついたのは「専門性に特化した（短期的に換金可能な資格や免許を出す）新学科」だけであった。たしかにそういう新学科を新設すれば、一、二年は物珍しさで学生が集まる。

しかし、見た通り、ほとんどの場合、わずか数年で効果は消える。残るのは先行投資の負債と、専門に特化した（ということは、それ以外の教育領域にシフトできない）「使えない教員」たちという「二重の負債」である。

どうして、そんな愚行をどこの私学も繰り返すのか。もちろん理由は一つしかない。

「他がそうしているから」である。明らかに見通しの立たない選択肢であっても、「他がやっている」ならオッケーなのである。失敗したときに「他もやっていたから」というエクスキューズが通るからだ。

個人的責任を問われないのなら別に大学なんかつぶれても構わない。そう思っている点では、銀行の頭取も企業経営者も官僚も政治家も同じである。それが日本のエスタブリッシュメントの「標準」的なモラリティなのである。

この二十年、そうやって多くの銀行がつぶれ、多くの企業がつぶれ、多くの第三セクターが破綻した。しかし、大学はその経験から何も学ばなかった。

本学教授会が採択した戦略は「ダウンサイジング」である。学生が定員割れしてから教育サービスを劣化させるためのダウンサイジングではなく、十分な倍率で志願者がある段階で選別を厳しくして、学生数を絞り込み、一人当たりの教育リソースの集中を高め、教育活動とそのアウトカムの質を向上させてゆく。それによって大学に対する社会的評価を高める。

もちろん学生数の減少は端的に私学にとってはただちに収入の減少を意味するから、そのためには経営の「スリム化」が不可欠であろう。「スリム化」というのは別に非人情なリストラのことではない。削れる「贅肉《ぜいにく》」はいくらでもある。それがきちんとできれば、この先のかなりきびしい状況下でも本学は生き延びていけると私は考えている。

しかし、見回すと、市場に先手を取られて「定員割れ」に追い込まれる前にすすんでダウンサイジングを選んだ大学は一つもない。なぜか？

「そんなことをした大学がない」からだ。十分に合理的な選択肢であるにもかかわらず、「前例がない」という理由でこの戦略を検討さえしなかった大学が、いま志願者の激減という事実を前にして呆然《ぼうぜん》自失している。大学の淘汰《とうた》、学校法人の解散というのは日本教育史上に「前例がない」事態である。

その「前例がない事態」には「前例がない処方」で応じる他ないだろうと私は考えている。

一つ問題がある。それは本学の志願者数が「相対的に多い」という事実である。「いまのままでもけっこういけるじゃないか……」という現状認識はほとんどの場合、制度改革への意欲を殺《そ》ぐ結果をもたらすからだ。もちろん、志願者が多いのはうれしいことなのだけれど、「小成は大成を妨げる」という言葉も同時に嚙《か》みしめなければならないのではと私は思う。

（05年1月30日）

入学定員を減らすしかない

どの大学も同じだろうけれど、毎年着実に志願者が減少している。「学生の絶対数が減っているのに、大学の絶対数が減っていない。だから、それを調整するために大学がつぶれる。市場原理からすれば、当たり前のことだ」という人もいるだろう。

ただ、そう冷たく言わなくてもいいんじゃないかと思う。市場は「大学生の総数を減らす」ことを求めているのであって、別に「大学の総数を減らす」ことを求めているわけではない。

全国の大学が人口減の比率に歩調を合わせてスライド式に学生定員を減らしていけば、大学数は変わらず、一大学当たりの学生数だけが減る。この選択肢が大学の社会的使命を考えると、日本の大学に残されたオプションの中ではベストのものだと私は思う。

一大学当たりの学生数が減ると、とりあえず学生一人当たりの教室面積も、一人当たりの図書冊数も、一人当たりのコンピュータ台数もすべて増える。これで教育環境は改善される。

「駅弁大学」などと悪口を言われたこともあるが、地方の大学が、地域の知的センターとして、地域の活性化を期待されて設立されたという歴史的事情も忘れてはならないと思う。過疎地のように、地方の大学がどんどんつぶれてゆき、大都市にだけ学術センターが集中するというのは、決してよいことではない。なくしてしまうよりは、大学の規模を縮小しても、教育研究活動を継続する方が地域社会にとっては有用である。

学生数は減らしてもよいが、大学の数はあまり減らさない方がいい。私はそういうふうに考える。となると、方法は一つしかない。そう、大学のダウンサイジングである。それこそ大学が生き残るための合理的な唯一の選択肢である。私はそう思っている。

私が以前より力説しているのは、とにかく本学の入学定員を減らすということである。

現在、本学の一学年の定員は五百十七人。財政上の理由から、この約一・三倍の六百五十人を受け容《い》れている。六百五十というのは、一九九二年の、大学入学者希望数が史上最大であったときの数値を基準にした入学者数である。大学志願者という分母が縮んでいるのだから、同質の教育水準を維持し、同質の卒業生を送り出そうと望むなら、単純計算でも分母が縮んだのと同じ比率で本学の入学者もまた二六%減になっていないといけない。

六百五十×七四%＝四百八十一人

これが、入学者の「適正数」である。二〇二〇年には、一九九二年の五七%にまで十八

歳人口は減少しているから、単純計算で

六百五十×五七％＝三百七十一人

つまりあと十八年で、いまの学生数の半分程度まで減らすというのが「理想」なのである。単に財政上の理由から、このまま六百五十人をとり続けるということは、具体的には、教育達成目標をどんどんと下方修正して、本来なら高等教育を受けるだけの知的資質を欠いた学生たちを受け容れてゆく、ということを意味している。

それは大学の社会的使命を忘れて、最後には市場の淘汰圧に押し流されて、百二十五年の歴史の晩節を汚すような行き方だと私は思う。

むしろ、粛々とダウンサイジングを敢行して、「小さいけれど、クオリティの高い教育を続けている学校」という本来の女学院の教育機関としての「反時代的」ポジションを守り抜くことを私は提案しているのである。

学生定員を段階的に減員してゆき、数年以内に、入学者数を五百十七という定員にまで引き下げる。それでも十八歳人口の減少率には追いつかない。

だから、どこの大学もいずれは定員そのものの減員が必要になる。だが、まだ定員そのものを一気に減員するという改革に踏み切っている大学は（短大を除くと）ほとんど存在しない。

定員が減れば、当たり前だけれど、本学に入るのは難しくなる。難しくなれば、モチベーションの高い学生しか来なくなる。モチベーションの高い学生が相手なら、教育してクオリティを上げるのは簡単である。クオリティの高い卒業生を輩出すれば、大学の教育機関としての声望は高まる。

簡単なロジックだ。

問題は学生納付金が減るということである。インフラの整備や、教育サービスや研究のレベルは落とせない。削れるのは人件費だけである。人件費を学生納付金の減少に応じて削ってゆく他ないだろう。給与のカットも必要だろうし、人員も減らすしかないだろう。

それは仕方がない。教職員に給料を払うために大学はあるんじゃないからだ。

大学は学生を教育するためにある。学生の学ぶ機会をどのように確保するか、ということを何よりも優先的に考えるべきだろう。手弁当でもこの大学で優秀な学生を相手に、本気の教育をしたいという人間だけが残ればいい。

百二十五年前に最初に神戸に来た二人のミッショナリーが「何をしようとして」この学校を作ったのか、その原点に立ち返って考える時期だと私は思う。

（02年1月15日）

合格者が多いと偏差値は低くなる

二〇〇五年度入試の偏差値情報が予備校から提示された。まずは代《よ》ゼミの情報。本学の偏差値は英文が五十四（前期A日程、以下同じ）、総文が五十三、心理行動が五十四、環境バイオが五十三（F日程だとそれより下がる）。全学科全日程で〇四年度より一〜三ポイント下がっている。これは「危機的」と申し上げなければならない数値である。

もちろん代ゼミの数値と河合塾《かわい》、駿台《すんだい》の数値は毎年ずいぶん違うから、これだけでは決定的なことは言えないが、「前年度より下がっている」という傾向は重く受け止めなければならない。

「偏差値が五十を切る」というのが何を意味するのか、本学教職員なら熟知されていることであろう。それはきわめて高い確率で「定員割れ、募集停止」という「戻り道のない」ルートに踏み込むということを意味している。偏差値が低くなる構造は単純である。「合格者が多い」（というよりは「不合格者が少ない」）からである。

本学の定員は五百十七名。それに対してほぼ一・三倍、六百五十名の入学者を毎年確保することが経営上要求されている。試験の合格者は歩留まり率というものを乗じた数なので、それよりさらに多い。入学者がこれほど多いのは一九九五年の大震災で本学が大きなダメージを受けたことに一因がある。再建のためには金が要る。文部科学省の許容範囲ぎりぎりの一・三倍まで入学者を増やしたために、それまで六百以下だった入学者が九六年は六百五十名、六百八十名取った年もある。そうやって十年経って、本学の財政状態は好転し、入学者偏差値は下降した。

当然のことである。大学教授会は、これ以上財政状態を好転させることよりも、これ以上入学者偏差値を下げないことの方が経営上優先的な課題だろうと考えて、数年前から入学者の減員を求めている。せめて定員の一・一倍、五百七十名程度まで絞り込ませてほしい。それによって偏差値は二～三ポイント上昇するはずである。

ずっとそう言っているのだが、理事会はなかなか同意してくれない。「偏差値の低い学生を受け容れて、それを教育することがあなた方の仕事でしょう。偏差値の高い学生を受け容れて、それを送り出すだけなら誰にだってできます」というのが前理事長の常套句《じょうとうく》だった。

たしかに一理ある考え方である。しかし、この考え方は「マーケットは無限」という前提に立っている。偏差値の低い学生をどんどん受け容れているうちに、「学生が誰も来なくなってしまった」というシナリオが考慮されていない。だが、そういう大学がすでに出現しているし、これからさらに増え続けるだろう。

大学が健全な財政状態にあることの重要性を私は理解している。しかし、財政の健全性は教育機関として機能するための条件であり、教育活動をする目的は財政黒字を作りだすことにあるのではない。

入学者数を減らし、学生一人当たりへの教育資源の集中度を高め、小さなキャンパスできめ細かでクオリティの高い教育をすることをめざした建学の理念に立ち返ること。そのようにして、「神戸女学院でぜひ学びたい」という少数のロイヤルティの高い学生たちを継続的に確保すること。それがこれまで繰り返し書いてきたように「オプティマル・サイジング」の考え方である。

代ゼミの偏差値データを見る限り、これがおそらく「サバイバル」の方策として採択できるベストのものだろうと私は思う。しかし、この生存戦略は必ずしも大学のマジョリティの賛同を受けているわけではない。学生の減員を選択することは「滅びの道だ」と言う同僚も少なくない。

それよりは「集客力のある新学部開設」あるいは「注目度の高い学科へ集中的に資源配分を」と言う人がいる。どちらも理論的には「正しい選択」である。だが、本学の現在の状況を勘定に入れると「正しさ」はかなり目減りする。

　この「正しい選択」は「とりあえず入学者数現状維持」を要求する（新規事業のためにはより多くの投資が必要だからだ）。その「正しい選択」が実効性を発揮して、偏差値の高い学生がどんどん集まり始めるのと、偏差値が五十を切るのとどちらが先か。

　問題はそのタイムラグであり、ほとんどそれだけなのである。正しい選択をすれば生き残ることができるわけではない。生き残ることができたときにそれが正しい選択だったことがわかる。まことにストレスフルな立場に私たちはおかれているのである。

（05年7月3日）

路頭に迷う高学歴失職者たち

後期入試が終わった。

うちの学科の後期入試定員二十名のところに百六十名の志願者というのは、現在の私学女子大の水準から言うと、涙が出るほどありがたい数である。

近隣の女子大はつぎつぎと壊滅状態になっている。

すでに今年の入試においては近隣のある学科で、一般入試の志願者が二名（判定教授会では「やけくそで」そのうちの一人を落としたそうである）。ある学部では定員八十名のところに志願者十六名といった、ほとんどＳＦ的な事態が出来《しゅったい》している。

こういう大学は、これから先、いったいどうするのであろう。廃校になったある短大では、ドイツ語の専任教員は系列大学の「事務員兼英語講師」になられたそうである。大学教員たちが大挙して路頭に迷う時代がもう指呼の間に迫っている。

かつては高学歴失職者たちの受け皿であった予備校は大学より先にいちはやく淘汰《とうた》の波に洗われ、翻訳の仕事も、出版界自体が危機的状態であるので、生活を支えるには遠く及ばない。いったい、高学歴失職者たちのこれから先はどうなるのであろう。

「国に帰って家業を継げる」人はまだラッキーで、国がない人はどうすればいいのだろう。大学をやめた大学教師というのは、ほんとうに「潰《つぶ》しがきかない」。

「先生、先生」と二十代から呼ばれつづけてきているので、人に頭を下げることができない。勤務考課というものをされた経験がないので、自分がいまどういう仕事をしていて、それが何の役に立つのかを適切な言葉で伝えることができない。何年間も一本の論文も書かなくてもどんどん給料が上がってくるので、「マーケット」や「自己責任」という概念が辞書にない。

長年かけてしっかりとみずからを「使いものにならない」人間へと造形してきたわけであるから、いまさらどうしようもない。

もちろん、いまとりあえず経営は安泰という大学に奉職している教員たちだって、別に、路頭に迷う教師たちより研究者教育者として優秀だというわけではない。単に、「たまたま」経営基盤のしっかりした大学からお呼びがかかった、というだけの「時の運」があったにすぎない。

それが、大学冬の時代に遭遇するや、一方は路頭に迷い、一方は「三日やったらやめられない」教師商売をのんきに続けている。クレヴァーな大学経営者に恵まれたか恵まれなかったかが運の分かれ目だが、仕事を探しているときには「これからつとめる大学は理事会に経営マインドのしっかりした人がいるだろうか」なんてことは誰も考えない。

不条理である。ひどい話だが、世の中はそういうものである。本学はかろうじて「勝ち組」に「指一本」かかっている、と以前書いたけれど、ポジティブ・フィードバックの恐ろしさ、わずか一ヵ月で「腕一本」まで事態は進行した。このまま大学改革とパブリシティ活動と学生サービスの充実のための集中的な努力を怠らなければ、来年は「上半身」くらいが「勝ち組」ボートに乗り込めるかも知れない。

いまが正念場である。ここで、「わはは、勝った勝った。もう安心して手抜きでいこう」というようなだらけた対応をした日には、淘汰の「第二の波」がきたときにはひとたまりもないであろう。

大学が生き残るか沈むかはただちに私たちの明日《あした》の「ごはん」の問題に直結する。

私は美味《おい》しいごはんを明日もたべたい。そのためにはとにかく「仕事」をしなければ。それは大学の教師にとってはとても単純な話だ。「お金を払ってでも聴きたい講義」をすると言うことに尽きる。

その査定は自分自身でできる。「私が学生だったとして、私のいましている講義に金が払えるか」。そう、自問し続けるのである。えー。ずいぶん厳しい自問ですね、ははは、などと笑ってもらっては困る。

そのような問いかけは「ふつうの商売」をしている人にとっては、「当たり前」の問いである。「自分が消費者だったとして、この商品を買うだろうか」。ふつうの商売人はみんなそう考えて、商品の質を吟味している。

自分が買いたくないものを誰が買うだろうか。自分が愛情を持っていないものに誰が愛情を持つだろう。自分が誇れないものを誰が誇るだろう。大学教育だって同じである。

私がいま学生だったとして、私のやっているこの講義には、何をおいても駆けつけます、と断言できる教師がうちの大学に何人いるだろうか。うー。私もそう自問すると、胸がきりきり痛む。

きりきり。いててて。


（01年3月6日）

五年間に一本も論文を書かない教授

川成洋《かわなりよう》『大学崩壊！』（宝島社新書）を読む。

大学の知的崩壊については、これまでおもに大学生の学力低下が論じられてきたが、この本では大学教授のバカさという「それは言わない約束でしょ」的真実が赤裸々に暴露されている。大学教授の恐るべき実態については筒井《つつい》康隆《やすたか》の『文学部唯野《ただの》教授』という傑作があるが、川成先生によると、あれはほぼ事実だ、ということである（わお）。

一九八〇年に文部省が全国の大学（国公私立）の全教員について調査を行い、過去五年間に何本の研究論文を書いたか調べたところ、一本も書いてない教員が二五％だったそうである。助手、専任講師、助教授は昇格人事があるので、論文執筆がほぼ義務化しているから、この二五％の過半はもう審査される心配のない教授職にあるものと思われる。

全教員中の教授の比率は大学ごとに違うが、それでも二五％というのは全教員数に占める教授の比率にほぼ等しい。つまり、大ざっぱに言って、大学教授のほとんどは過去五年間に一本も論文を書いていない、というのが日本の大学の実情なのである。

もちろん、五年間何も書いていない人が六年目に満を持して大論文を書くということはふつうあまりない。あまり書かずにいると書き方を忘れてしまう、ということもあるが、論文というのはリアルタイムで進行している研究主題に活性化されて、「勢い」でわっと書いてしまうことが多いので、何も書いていない人は、さしあたり寝食を忘れて没頭しているような研究主題が「ない」というふうに解釈してよいからである。研究テーマがない人に論文は書けない。

論文を書けなくなる理由はいろいろである。一つは若い頃の論文のクオリティが高かったので大学の先生にはなれたのだが、研究の目的が「大学の教師になる」ということに傾きすぎていたために、ポストを得たとたんに人生の目的を失った人である。これはけっこう多い。

もう一つは、ちょっとしたきっかけで渾身《こんしん》の論文が中絶し、周囲の期待が高かったし、本人の自負もあり、中途半端なものでお茶を濁すわけにはいかない、というので、ごりごり勉強しているうちに、「眼高手低」になってしまった、というパターンがある。「眼高手低」というのは「批評眼ばかり肥えてしまったせいで、自分の書いたものの完成度の低さを自分が許せない」という自閉的な傾向のことである。

書いては破り、書いては破りしているうちに、研究主題そのものが時代遅れになってしまったり、同じようなアイデアで誰かが論文を先に発表してしまったり、夫子ご自身がその主題に対する関心を失ったり、という悲しいことが起こるのである。論文というのは本人にとっても、テーマにとってもその「旬」というものがある。「旬」を逃すと、それっきりなのである。

川成先生は「論文を書かない大学教師」を一括して「バカ」としているが、私はそれはやや不正確ではないかと思う。彼らは決して知的に劣っているわけではない。現に、彼らは他人の業績を批判するときや、学内政治においては、しばしばその卓越した才知を発揮する。

とはいえ、論文の「点数」だけで教員のアクティビティは評価できない、というのはたしかに正論である。例えば、教育活動というようなものは数値化することができない。教育に熱心なあまり、研究活動に支障を来すということもある（現に私がそうである）。しかし、これは好きでやっていることだから、あまり言い訳にはならない。

また論文の「点数」だけを評価の基準にとり、その「クオリティ」を問わないのはおかしい、というのも正論である。ただし、「クオリティの査定」はなかなかむずかしい。私は論文の点数の多い教員であるが、そのクオリティは「低い」（とほほ）とされている。クオリティの査定基準は「厳しいレフェリングのある国際的な学術誌」への投稿と、他論文での「引用回数」である。私は同時代の日本人読者に向けて発信しているので、日本語で書くわけであるから、当然「国際的な学術誌」には載らない。「レフェリング」のある学術誌ではほぼ一貫して「あなたの研究は評価になじまない」という悲しい査定をされてきた。他論文への引用は、そもそも人目に触れるような媒体に書かないのだから、「ない」と言って過言でない。

だからといって私の論文のクオリティが「低い」と断定するのは、いかがなものか。オリジナルな研究というのは、なかなか既存の評価枠組みになじまないものなのである。だが、これも言い訳めくので黙っていよう（ぶつぶつ）。

ま、それはさておき。論文の（質にはとりあえず目をつぶり）点数だけで数えて、論文を書かない大学教授は辞めてもらおう、という川成先生の提案に私は原則的に賛成である。それは、どんなものでも論文を書けばその人の「頭の中身」は天下の人の知るところとなるからである。

定期的に「頭の中身」を満天下に明かして、批判の矢玉に身をさらすのは、学者の責務であると私は思う。学術論文の執筆ということの意味を大学人の多くは勘違いしているように私は思う。あれは「賢さを示す」ためのものではなく「バカ度を公開する」ためのものなのである。

論文を書かない人はよろしくないと私が言うのは、彼らが「賢くない」からではなく、「バカ度を公開しない」からである。教育サービスとしての大学教育で、「それぞれの教師の言うことの真実含有率」をできるだけ明らかにしておくのはたいへんに大切なことである、と私は思う。「ただのバカなんだか『大いなる暗闇』なんだか判別できない」ようなパフォーマンスをする教師は学生を混乱させるだけで、教育上あまりよろしくない。「ただのバカ教師」とわかった上でじっくり観察するならば、それはそれなりに学ぶものもあるのである。

私はここで本学の全教員に率先して、あえて捨て石となって、学生諸君のために情報公開に踏み切ろうと思う。

私の話に含まれている真実含有率はアイリッシュ・ウイスキーのアルコール含有率よりは少なく、ビールのアルコール含有率よりは高いです（メイビー）。

（00年10月2日）

どうして仏文科は消えてゆくのか

かつては文学部の看板学科だった仏文科の廃止が続いている。神戸海星《かいせい》女子大に続いて、甲南女子大も仏文科がなくなる。東大の仏文も定員割れが常態化している。

理由はいくつかある。英語が「国際公用語」の覇権闘争に勝利して、事実上のリンガ・フランカになったこと。フランス自体の文化的発信力が衰えたこと。文学についての知識や趣味の良さを文化資本にカウントする習慣が廃れたこと。語学教育がオーラル中心にシフトしたこと、などが挙げられる。最初の二つはグローバルな事情があってのことであるから、私どもが個人的にどうこうできることではない。残る二つは本邦の事情である。オーラル中心の語学教育の非効率についてはこれまで何度も書いているので、ここでは繰り返さない。

そこで、後者について考えてみる。まず、「文化資本」の定義からもう一度確認しておこう。「文化資本」は社会学者ピエール・ブルデューの用語で、階層差の指標であり、かつ階層差を拡大再生産するものをいう。教養、知識、技能、趣味の良さ、ふるまいの適切さ、人脈、学歴などなどを文化資本に数えることができる。

文化資本には「生まれ育っているうちに自然に身についてしまったもの」(生得的な文化資本)と、「後天的に努力によって身につけたもの」(学習された文化資本)の二種類がある。文化資本の秘密(つまり文化資本がどうして「資本」として機能するのか、その理由)は、それが「二種類ある」という原事実のうちに存する。つまり、「それが自然に身についてしまった人」と「それを見よう見真似で習得しようとする人」のあいだの「わずかな、しかし決定的な違い」のうちに文化資本の資本性は存するのである。

文化資本というのは実在するものではない。それは貨幣や威信や情報が実在するものではないのと同じことである。貨幣はそれを「貨幣だ」と信じる人が存在するときにのみ存在する。それを信じる人がいなければ、それはただの紙切れである。威信もまた内在的資質ではなく、二人以上人間がいて、一方が他方に対して威圧的であることが許されるということに両者が同意した場合にしか出現しない。主観的に「私は偉い」と思っていても、相手がそれを承認しなければ、「キミ、し、失敬な。私を誰だと思っているんだ」と力んでも失笑を買うばかりである。

私たちの社会で「資本」と呼ばれているものはすべて幻想である。幻想だからダメだ、などということを私は申し上げたいのではない。幻想は幻想できちんと機能して頂かないと世の中は動かない。幻想がどのように機能し、どのように機能不全になるかについてはリアルでクールな考察が必要であるということを申し上げたいのである。

問題は「教養が文化資本として認知されなくなった」ということである。これはどういうことであろうか。「顰に倣う」という言葉がある。「ひそみにならう」と読む。呉越《ごえつ》の時代、呉王夫差《ふさ》の寵愛《ちょうあい》を一身に受けた美姫《びき》に西施《せいし》という人がいた。西施は「持病の癪《しゃく》」のせいで、歩くときに胸を押さえ、眉《まゆ》をひそめていた。その姿もまた美しく見え、その柔弱たる風情で彼女が呉王の寵を得たという風説が広まったために、後宮の女官たちはこぞって眉をひそめて歩くようになり、やがて呉国中のすべての女たちが眉をひそめて歩くようになった……というお話である。身体的苦痛のために「眉をひそめる」というのは単なる生理的反応であって、特段エロス的な含意はない。

それをエロス的に有意な記号として解釈したのは、「他の人たち」である。それがエロス的記号だと解釈する人がいれば、それはエロス的記号であり、眉の間の皺《しわ》は美的形象となる。かくのごとく、文化資本とはつねに解釈者の側の欲望によって起動する。西施が呉王の寵愛を得たのには美貌《びぼう》の他にも理由があったのかも知れない（もちろんあったに違いない）。

だが、女官たちは（寵愛を得られない）自分と西施のあいだの位階差をその他の違い

（知性とか、情愛とか）には求めず、単なる「眉の動き」のうちにあると解釈した。そのとき「顰」は呉国において文化資本に登録されたのである。ある種の知識や技法が文化資本に登録されるのは、「それがあるせいで、あの人はあのような権力や威信や財貨を手に入れているのだ」というふうに「誤解」する人がいるからである。

そう。文化資本とは「誤解」の産物である。西施のしかめっ面に本来エロス的含意がないように、教養そのものには権力や威信へのアクセシビリティを約束する要素は含まれていない。権力や威信を保持している人間を、下から羨《うらや》ましげに見上げたものたちの目に「差別化の秘密」としてたまたま「教養」が映じたので、それが文化資本となったのである。たまたま、の話である。

教養が文化資本ではなくなった理由も、だから簡単である。現に日本社会で権力や威信や財貨や情報などの社会的リソースを占有している人々に教養がないからである。

別に私はそれが「悪い」と言っているのではない。昔は、社会的上位者たちのかなりの部分は「たまたま」教養があった。だから、下々のものは「教養があると社会の上層に至れるのだ」と勘違いしたのである。

もちろん、社会的上位者がその地位を占めたのは教養のせいではない。それとは違う能力であるが、「西施のひそみにならう」ものたちはあわてて教養を身につけようとしたのである。今日、社会的上位者には教養がない。かわりに「シンプルでクリアカットな言葉遣いで、きっぱりものを言い切る」ことと「自分の過ちを決して認めない」という作法が「勝ち組」の人々のほぼ全員に共有されている。別にこの能力によって彼らは社会の階層を這《は》い上がったわけではない。たまたまある種の競争力を伸ばしているうちに「副作用」として、こういう作法が身についてしまっただけである。

だが、「ひそみにならう」人々は、これが階層差形成の主因であると「誤解」して、うちそろって「シンプルでクリアカットな言葉遣いで、きっぱりものを言い切り」、「決して自分の過ちを認めない」ようになった。そうして教養が打ち捨てられたのである。

別にお嘆きになることはない。教養の再生のプログラムもたいへんに簡単だからである。教養がある人間しか出世できないプロモーション・システムを作ればよいのである。

そう、「科挙」の復活である。官僚も政治家もこれで「総入れ替え」できる。文部科学省も「教養教育の再構築」などとつつましいことを言わずに、ここは一発「科挙による政治家と高級官僚の登用」を提言してはいかがか。そのときは文科省が財務省よりも格上の省庁となる。ぜひ真剣にご考慮願いたいものである。

(06年12月1日)

第5章　どこも大変なことになっている

首都大学東京、石原都知事の粗雑な文章

ご承知のように、東京都立大学はこの三月をもって大学としてはなくなる（移行期間の五年間は「旧制度」として名称は残るらしい）。代わって「首都大学東京」（略称「くびだい」）という石原慎太郎《いしはらしんたろう》都知事のイニシアティブのもとでの新しいタイプの大学に変貌《へんぼう》する。

仏文はなくなる。一キャンパス全体が「都市教養学部」という一学部になり、学長・理事長をトップとする上意下達システムで運営され、教授会ももうなくなるそうである。

首大がどういう構想の大学か、新学長と石原都知事のコメントを拝読してみよう。

まず、西澤潤一《にしざわじゅんいち》新学長のおことば。

このたび、計らずも首都大学東京の学長を二〇〇五年四月からお引き受けすることとなり、今更ながらその責任の重さをしみじみと噛《か》みしめているところです。明治以来、欧米流の学校教育が導入され、それまでの日本文化に基づいた学校教育の基礎の上に殆《ほとん》ど毎年

改廃があったと云ってもよい程激しい改革が行なわれ、その結果、相当評価される境地に達することが出来たことが、明治以降の日本の大躍進を呼び起したと云えるのではないでしょうか。正に米百俵であったのです。

しかし、その後、全く新しい発想の下に出発していた私立大学ですら、一様に東京大学をその理想として画一化がはじまりました。特に戦後の新制教育が導入されてからは急速に進められたのです。差異の表現は只《ただ》一つ、偏差値でした。

そもそも、公立大学は地元が欲する人物を養成する目的で、地元が設立したものです。東京は、長い間、日本の首都機能を果して来ました。そのノウハウは膨大なものがあります。そして今、日本の中のみならず、アジア全体が都市化に狂奔しています。此の時に当って、東京は、その経験を人間的でありながら、効率化を実現する新しい都市構成を形成させるべき人材の養成と手法の向上に努めるべきではないでしょうか。

大体日本の思潮は相手の理解に基づいています。決して余分に時間をかけることを自慢するようであってはならないのですが、相互理解を進めて、妥協し合うのです。明石さんがカンボジアで推進されたことです。「世界中に只一人でも不幸な人が残っているうちは、個人の幸福はあり得ない」と云う宮沢賢治の精神が、その基礎です。この北アジアの精神とも云うべきものが、賢治に集約され、新渡戸《にとべ》稲造《いなぞう》先生が国際連盟を作られ、国際連合に引き継がれたのです。新渡戸先生は賢治精神の政治哲学における実践者だと思います。

この精神を東京市長の経験を持つ内務大臣として大震災後の復興に実現されたのが後藤新平先生です。昭和道路は有名ですが、三多摩地区においても、利用目的も見当らなかった土地を買い上げて市有地としました。今、汚染物質の発生しない土地として多摩の上水を生じ、これが東京都民の水道源となっています。都民全体の生活を考えてこその着眼だったのではないでしょうか。都市工学の開祖です。今、東京に集る若者が、先ず東京を日本文化に基づいた理想都市化する、これが新大学だと考えています。

これが新学長からのメッセージの全文である。

意味わかりました？　私には「意味ぷー」であった。さしあたり私にわかるのは、この文章を書いた人間は、あまり日本語運用能力がないということと、論理的思考が苦手らしいということと、自分の言葉を聴き手が理解してくれるかどうかということにはあまり興味がないタイプの人間だということであった。そういうタイプの人間が教育事業に適性があるのかどうか、私はいささか懐疑的であるが、諸賢の印象はいかがであろうか。

新渡戸稲造が「国際連盟を作った」ということもはじめて聞いた。首都大学の入試で「世界史」「日本史」を選択する受験生諸君は慎重な配慮が必要と思われる。「意味がわかる」という点について言えば、次の石原慎太郎の言葉は西澤新学長のものよりずっとクリアカットである。

では都知事からひとこと。

来年の四月から、いよいよ既存の都立大学をはじめ四つの大学を束ねて「首都大学東京」という、今までになかった全く新しい形の大学をつくります。

今、在学中の学生さんにも勿論《もちろん》そのまま続けて頂き、これから新入生になろうとする人たちに、この大学の新しい感触をぜひ知って頂きたいと思っています。

今、大学に行っても、何かあまり面白くないと感じている学生が大勢いるでしょう。私自身、もう何十年も前ですけど比較的官学の中の私学と言われているような割と自由な大学を出ましたけれども、それでもあまり勉強はしませんでした。というのも、大学の先生も毎年同じ講義を繰り返している人ばかりでした。ただ、やはり、あの頃から一橋《ひとつばし》大学と東大の交換授業が始まり、学生の分際で生意気かも知れませんが、東大の経済学の先生の話を聴いて「こんな古くさいマルクス経済学を今頃東大はやっているのか」と、聴きながら馬鹿にしたような覚えがあります。東大の学生もそれで満足したのか不満足だったのかは知りませんが。

いずれにしろ、もうそろそろ、学生を教えている先生そのものも自己批判して、自分がどんな授業をするかということだけではなく、それも含めて大学のカリキュラム全体のあり方を考えなければ、現代という非常に速く変化し様々なニーズが出てきている時代に、若者の欲求を満たすような大学にはなり得ないと思います。

新大学には、色々な新しいシステムを取り入れます。例えば、学生の皆さんが大学に入った後思い立ち「よし、俺は青年海外協力隊で一年間カンボジアへ行ってくる」とか「アフリカへ行ってくる」という場合でも、それを得難い体験として修学と同様に評価し進学させたり、それを単位にしたりすることを考えています。

また、他の学校の、あの先生の講義を聴いてみたいという場合には、その大学との約束も取りつけた上で、単位を銀行の預金のように蓄積して卒業の条件に叶《かな》えてもらうことも考えています。

さらに、産学協同という言葉がありますが、研究の分野だけではなく一代にして自分の創意で大変面白い、新しい企業を創った経営者の人たちに専任講師になってもらい、集中講義をしてもらうことなども有益です。そのような人たちの話を聴いた方が余程面白いと思います。生活感覚もない先生の経済学や経営学の話を聴くよりも、例えば「百円ショップ」を創った人が、どうやって創ったとか、今、プロ野球で問題になっている、皆さんとそんなに歳も変わらないライブドアや楽天の経営者が、どうやって既存の企業に見切りをつけ、どういう発想で何を考えて何をやったかということを聴くことは、大変刺激になることでしょう。いちいち鉛筆で先生の言っていることを写すような授業よりも、はるかにアクティブで人生のためになると思います。

私は、出来れば一年生や二年生は全員昔のように寮に入ったらいいと思っています。昔の旧制高校の寮をそのまま復活するつもりはありませんが、同じ屋根の下で一緒に寝起きし飯を食って酒を飲むという、そういう付合いというものが今の日本の社会ではなくなってきています。そういったことが、大学生たる若い皆さんの人生をどうやって形づくっていくか、それは非常に有効なものだと思います。

そして、何といっても学長はあの東北大学を立て直した、特に文部省と東大の権威に真っ向から反対してきた西澤潤一さんという教育者としても卓見を持ったすばらしい方です。私は昔から存じ上げていますが、ようやくこの人をくどき落として学長に迎えることができました。西澤さんも「やるなら、まず東京からだ」と本当に新しい大学の創設に協力していただいています。

しかも、都立大学に限らず、いろいろな大学を卒業し成功している大・中・小の優良企業の経営者の方々で日本の教育を憂いている人たちばかりが、新しい「首都大学東京」をサポートしていく、あるいは学生たちをサポートしていくチームを作ろうということで、この十月に東京Uクラブが発足しました。

そういう点で、社会を広範囲に覆う人脈というものがその核に大学を据えた形で、新しい大学の運営というものを考えていきたいと思っています。とにかく奮って応募して頂くとともに、いろいろな人材がここから輩出していくことを熱願しています。


品格とか文彩というものを期待する種類の文章ではないけれど、それにしてもここに盛り込まれた教育理念の「貧しさ」にはどなたも一驚を喫されるであろう。

もし、これが現国の問題だとして「作者は何を言いたいのか?」という問いが出されたら、みなさんはどうお答えになるだろう。

私が予備校教師なら、熟慮の末に「私は東大が嫌いだ」と「大学生は自分の大学の教師からほとんど学ぶことはない」を「正解」とするであろう。

若い頃から彼の書く文章には、東大がいかにろくでもない大学で一橋大学がいかによい大学かが繰り返し語られていたので、石原の東大嫌いは熟知されたことだが、七十歳を越してまだ「東大はダメで一橋がいい」ということを言い募っているところをみると、これはもうほとんど「トラウマ」の域に達しているようである。

私も石原同様、東京大学というのがそれほどたいそうな教育機関だとは思っていない。だが、そんなことは日本国民のおおかたもご存じのことのはずで、都知事が新大学の開校のメッセージにぜひとも書かなければならないほどのことではないように思われる。他大学を名指しでけなす言葉を開学の辞に含めるというのは、常識ある社会人のとる行動ではないだろう。

「大学生は自分の大学の教師からほとんど学ぶものがない」というのも、この文章の全体に伏流する主張であり、みなさんも私の読解に深く同意されると思う。

だが、その場合、それならどうして大学という制度を継続しなければならないのか、その理由が私にはうまく想像できない（どなたにも想像できないであろう）。それよりはむしろ（これは前に書いたことの繰り返しになって恐縮だが）、「首都大」というサーバーを一個都庁の倉庫にでも置いてはどうか。

学生たちが「他の学校の、あの先生の講義」を聴きに行ったり、「カンボジア」に行ったり、堀江《ほりえ》某《なにがし》の「金で買えないものはない」というような講演を聴きに行ったり、同年齢の友人たちとルームシェアして酒を飲むたびに、パソコンの端末から自己申告で「単位申請」を打ち込む。そのように単位を「銀行に預金するように蓄積」して、百二十四単位たまったら自動的に卒業証書がプリントアウトされるというシステムにすればよろしいのではないかと思う。

それなら、キャンパスも要らないし、教員も要らない。サーバーのメンテをする派遣社員の二人もいれば十分である。ときどき都知事と学長が「メッセージ」をＨＰに載せれば教育理念を周知徹底するには十分であろう。それで学生一人から毎年数十万円の学費を徴収すれば、首都大学は都の財政負担を軽減するどころか、巨大な収入源になるはずである。

都の役人諸君にはぜひとも前向きでご一考願いたい。

憎まれ口はさておき、それよりも、私が気になるのは、この文章の「粗雑さ」である。例えば、次のような文章をみなさんはどう思われるか。

「私自身、もう何十年も前ですけど比較的官学の中の私学と言われているような割と自由な大学を出ましたけれども、それでもあまり勉強はしませんでした」

中学生みたいな文である。「比較的」という副詞は「自由な」におそらくかかるのであろう。しかし「自由な」の前には「割と」といういささかくだけているが、「比較的」とほぼ同義の副詞が置かれている。

わが同僚の「赤ペン先生」ナバちゃんがこの文章の添削を委託されれば、ここは赤ペンでばしっと下線が引かれ、「同義の副詞を無用に反復してはいけません」というコメントが書き込まれるところである。そのあとの「けれども、それでも」という接続の仕方も論理的ではない。ここもナバちゃんなら、「『自由な大学』とそこで学ぶ学生の勉強量の多寡のあいだにどのような論理的関係があるのか、これではわかりません。『それでも』を逆接と取ると、あなたは『自由な大学では学生は勉強をよくする』ということを自明の前提としているようですが、その論拠が示されていません。もっと論理的な日本語の文章をたくさん読んで勉強してください」というようなコメントを欄外にがしがし書き込むであろう。

私はナバちゃんほどシビアな人間ではないので、気楽に読み飛ばしてしまったが、それでも一つだけわかることがある。それはこの文章を書いた人間は、書いたあとこれを読み返して推敲していない、ということである。

もし石原慎太郎が眼光紙背に徹するまで熟読玩味《がんみ》した末に「これ」を差し出したというのが事実なら、私はこの人物がかつて作家であったということを決して信じないであろう。

ということは、おそらくこれは「知事、首都大のために開学のメッセージをお願いします」という秘書官の懇請に応じて「おう」と五分ほどで書き飛ばした文章だということを意味している。

都立の新しい大学の教育理念を全日本国民に向けて発信するメッセージを「五分で書き

飛ばした」（のか「実は十分かかった」のか私には厳密に判定する術《すべ》がないが）理由として、私たちが推論できることは一つしかない。それは都知事がこの大学のことをあまり真剣には考える気がないということである。

日本語運用能力と論理的思考力にいささか難のある学長と、開設される新大学について（というよりそもそも「教育について」）真剣に考える習慣のない政治家によって領導される大学がこのあとどうなってしまうのか、推測することはそれほど困難ではない。

都立大学最後の「さよならイベント」にお招き頂き、なつかしい都立の先生たちを前にして、私は「文部科学省の高等教育再編構想と大学の機能分化について」一時間ほど語った。論の性質上、首都大学東京の未来の見通しについても若干のコメントを述べさせて頂いた。

私の予測では、首都大学東京は日本の高等教育史に残る劇的な失敗例となるであろうというものである。都立大学の教育理念を守るために悪戦してきた教員のみなさんや、そこで学び続けなければならない学生院生の諸君にとってはたいへん気の毒なことであるが、私の予言は悪いことにかんしてはたいへん的中率が高いのである。

もちろん、私の予測を非とされて、首都大学東京の弥栄《いやさか》を念じている方もおられるであろうから、首大の「志願者数の前年比」や「合格者の平均偏差値の変化」については今後情報が入り次第ご報告して、私の見通しの当否については検証を行いたいと思っている。
ただ予言というのは、それ自体すでに遂行的なものなので、私のこのHPを読んで「首大受けようと思っていたけど、やめようかな」という受験生も何人かはおられるであろうから、その点については予言の的中率を割り引いて頂かなければならないのである。

（05年1月20日）

法科大学院、不良債権と変わらない

開校してわずか二年目の法科大学院の志願者が前年比四割減、定員割れとなった大学院も七十四校中四十五校（昨年は十四校）となった。

私立は四十九校中の三十六校（七三％）が定員割れ。

多少とでも思考力がある人間であれば、法科大学院の早期の破綻《はたん》は高い確率で予測されていたことである。

ことは法科大学院に限らない。他の教育研究領域でも、「他がやっているから……」というだけの理由で「流行」をフォローすることを「時代のトレンドにキャッチアップする賢明な戦略」だと思っている大学人は少なくない。

個人的にそのような試みをされることは教員自身の自由に属し、余人が容喙《ようかい》すべきことではない。彼の教育プログラムの失敗は「すべりましたね」という笑いをもって受け容《い》れられるであろう。

だが、組織的に「他がやっているから……」戦術に取り組み、巨額の設備投資や新規人事を起こした場合はそれほど牧歌的にはゆかない。こういう場合には、「うまくゆかないみたいだから、やめましょう」ということができないからである。「やめる」場合は誰かがその責任を取らなければならないが、「続ける」限り誰も責任を取らなくていい。そういうものなのである。

そもそも「他がやっているから」的な「ムラ」的メンタリティで動き出したプロジェクトであるからして、「私が責任を取って腹を切る」というようなことを言い出す人間はいない。不良債権と同じである。

銀行の不良債権がどうしてあそこまで悪化したのか、その心理的な仕組みはわりと簡単である。一度始めた融資の効果がはかばかしくないときに、それを中止して資金を引き揚げるためには、最初の決定が「間違っていたこと」を認めなければならない。しかし、多くの銀行家はそれを拒んだ。

彼らは次のようなロジックに頼った。融資の決定そのものは正しかった。だが、「予測不能の」ファクターが「正しい決定」の「それにふさわしいアウトカム」の到来を妨害した。悪いのは「私」ではなく、「外部」から到来した「ファクター」の方なのである。だが、この責任転嫁によってことが解決するわけではない。

むしろ事態はさらに悪化する。というのは、「予測不能のファクター」の関与によって融資が失敗したという事実は、別の「予測不能のファクター」の関与によって融資が実を結ぶという未来予測をすることを妨げないからである。「まさか……」と思っているうちに「外的要因」によって地価が暴落し、バブルが崩壊したということは、「まさか……」と思っているうちに「外的要因」によって（例えば、日本の平地面積の半分が水面上昇で水没して）地価が高騰し（例えば、富士山樹海から石油が噴出して）、バブルが甦《よみがえ》る可能性を排除しない。

だから、融資を「やめる」には個人の決断と責任が必要だが、融資を「続ける」ことは何の決断も誰の責任も要請しないのである。日本の銀行のほとんどはそうやって回収の見込みのない企業にドブに金を捨てるように延々と追い貸しを続けた。問題は銀行家の融資先の事業内容を吟味する査定能力にあったのではない。おのれの経営判断の間違いを、市場に指摘されるより先に気づき、いちはやく「撤収」を宣言する先見性こそが経営者の最大の能力であるとみなす習慣が日本にないことにあったのである。「私が間違っていました」という宣言を彼の「愚鈍さ」の表明ではなく、むしろ「知性」のあかしであるとみなす習慣が日本にないことにあったのである。

誰よりも先に、そのような仕方で「知性」を示すことのできる人間こそがすぐれた経営者である、私はそう思う。

だから、今回定員割れを起こした「ロースクール」の経営責任者たちのうちに、その語の厳密な意味での「経営能力」のある人間は一人もいなかったようである。これが「ビジネススクール」でなくてほんとうによかった、と冷や汗をぬぐっている大学人もたくさんおられるだろう。

よかったですね。

（05年5月21日）

丸ごと関大ビル、階層性と閉鎖性の怖さ

今朝、新聞を開いたら「丸ごと関大ビル」という文字が目に入った。

「学校法人関西大学（大阪府吹田市）は七日、同府高槻《たかつき》市に三十階建ての高層ビルを建て、幼稚園から小中高校までの学校と、新設学部、大学院を新たに開設する構想を発表した。関大にとっては四番目のキャンパスで、初の小学校計画も含む。（中略）少子化で受験生の減少が続く中、新しい形のキャンパスをつくって改革に積極的な姿勢を内外にアピールするねらいだ」

なるほど。

で、昨日は同志社と立命館大学が小学校を開学する計画を発表していた。関西学院もこれに続くらしい。関西で言われるところの関関同立の巨大私立四大学が「大学淘汰《とうた》」を好機として、二極化による市場の寡占化（小学校からの「囲い込み」）を明確に意図して、一気に「攻勢」に出てきたということである。

大学を「学生獲得ビジネス」というふうに考えた場合、この「業界そのものの低落局面

では残るクライアントの囲い込みを狙う」という戦略は常識的なオプションだ。いずれ中小の大学の中からも同一の戦略に追随するものが出てくるだろう。

しかし、私はこの戦略は投下資本に引き合うだけの効果をあげることができないだろうと予測している。理由は「私みたいな人間」が一定数存在するからである。「小学校から大学院まで」を同一学校法人の中に囲い込むという戦略は日本社会が社会資本・文化資本の差による階層化の道をこのまま進むだろうという見通しの上に立っている。見通しの上に立っているどころか、その趨勢《すうせい》を一層強化しようとするものである。

私は文化資本による社会の階層化には反対する立場にある。階層化された社会では、社会的リソースがより狭隘《きょうあい》な社会集団に累積される傾向があり、私はそのような社会には住みたくないからである。別にしかるべき社会理論があって申し上げているのではない。私の身体のDNAが「そういうのって、好きじゃないんだ」と私に告げるのである。

関大の「三十階建てビル」の記事を読んだときに、フリッツ・ラングの『メトロポリス』を思い出した。『メトロポリス』の世界を領する重苦しさと窒息感は、そこでは水平方向の空間移動の余地がなく、エレベーターによる垂直移動しか許されていないという空間的設定そのものから由来している。

よくメディアは「空間的な限定」のことを「養鶏場のブロイラー」という定型的な比喩《ひゆ》

で語るが、「養鶏場」は水平方向に広がりがあり、屋根を打ち破れば「青空が見える」という可能性があるだけまだ「まし」である。限定された地面の上に高層ビルを建てて、垂直方向に確保された空間における「学び」というのは、何かが「根本的に間違っている」という気が私にはする。

　どうしてかはうまく言えない。でも、私がいま就学前の子どもで、親に「お前は、あの三十階建てのビルにいまから大学卒業まで通うんだよ」と言われたら、きっと恐ろしさに泣き出すだろう。

　東電OL殺人事件を素材にした桐野夏生《きりのなつお》の『グロテスク』ではKOに通う少女たちが、その「囲い込まれ純度」の微細な差異（幼稚舎からKOか高校からか大学からか……など外部からは識別すべくもない差異）に基づいて排他的な集団を形成し、排除された少女たちがしだいに精神に変調を来す様子が活写されている。『グロテスク』はフィクションだから多少の誇張もあるだろうが、本質的なところはだいたいあの通りだろうと思う（学生時代に、中等部から上がって来た学生たちが「あいつは高校からったって志木《しき》だぜ（笑）」というような会話で盛り上がっているのを横で聞いた覚えがある）。

　そういう階層性や閉鎖性を私は好まない。「嫌い」というより「怖い」のである。学校というのはそういうふうに人間を階層化したり差別化したり囲い込んだりするための社会的装置ではないと私は思う。

むしろ逆だろう。人間をその出自からも、身分からも、階層からも、信教からも解放し、その差別意識を廃し、知的閉域からの自由を得させるための「逃れの街」、「アジール」であるというのが学校の重要な社会的機能の一つではないのか。

「三十階建て高層ビル」というものは私にとって、「アジール」という言葉から隔たることもっとも遠いヴィジュアル・イメージである。「幼稚園から大学院までを収容する三十階建て高層ビル」は私たちの国のいくつかの学校が選ぼうとしている「学校による囲い込みと社会の階層化」を端的に図示するものだと思う。

「幼稚園から大学院までを収容する三十階建て高層ビル」がなぜ私を恐怖させるか、その理由がここまで書いてやっとわかった。それは「時間がすみずみまで空間的な表象で語り尽くされた情景」そのものだからだ。そこで損なわれ、汚されているのは「時間の未知性」なのである。


（05年2月8日）

早稲田、受験生をなめたパブリシティ

日曜の朝刊をひろげて「ぎくり」とした。一面下段の書籍広告にこんなのがあったからである。「早稲田の『今』がわかるスペシャルマガジン登場‼／だから早稲田はトクなんです。／話題の講義に潜入リポート／鴻上《こうかみ》尚史客員教授の演劇ワークショップ／小泉首相も講義した！豪華ゲストが話題の大隈《おおくま》塾／イマドキ早大生の日常に密着！／写真でつづる早大生日記／法科大学院、スポーツ科学部、国際教養学部……注目集める最新の動きをリポート！……」

という具合に続いている。

版元を見ると「日経ホーム出版社」（現・日経BP社）とある。しかし、まさか民間の一出版社がわざわざ早稲田《わせだ》の宣伝をするはずがないから、これはおそらく早稲田の公式パブリシティなのだろうと思う。だが、これがもし大学主導のパブリシティなら、早稲田も末期症状と言わねばならない。

誤解してはもらいたくないが、私は早稲田大学が好きである。受験のときも、私立は早

稲田の法学部と政経学部だけしか受けなかったし、そのあとも長く早稲田のユダヤ研の特別研究員をしていたし、ラグビーは藤原優《ふじわらまさる》以来の早稲田びいきだし、うちのお兄ちゃんも師匠の多田《ただ》先生も早稲田だし、同門の早稲田大学合気道会とは仲良しである。

その上で、きっぱりと「これでは早稲田も終わりだ」と告げねばならぬ。このパブリシティは明らかに私たちが大学教育を再建しようとしている方向とは「逆」を向いているからである。

大学教育の再建は、「イマドキの受験生」の学力と知力のリアルかつクールな査定から始めなければならない。早稲田は「イマドキの受験生はバカだ」という査定を採用した。この査定そのものは間違っていない。「バカ」といってはあんまりだが、「イマドキの受験生」の教養、学力が壊滅的水準にあることは大学教員、予備校関係者、衆目の一致するところである。しかし、その査定をふまえて、どういう大学生存戦略を立てるかということになると、私と早稲田のパブリシティ担当者では考え方が違う。

私見によれば、受験生に「どの大学を選ぶべきかを熟考させること」はすでに大学の教育的機能の第一歩である。大学広報は、「本学はこれこれこのような教育を行い、このような学生を送り出したいと願っている。みなさんはそれについてどう思うか」ということを天下に問うものである。それがかなり幻想的なものであれ、一つのモデルを指し示すことは、すでにして「教育活動」の始まりである、と私は思う。

実際に受験しなくても、そのようなパブリシティを一読して、「なるほど、この大学はこのような教育理念を持つのであるか。果たしてこの理念はどのような人間を作りだし、どのような社会を理想と考えた上で策定されたのだろうか。私はここで想定されているモデルに共感できるだろうか」というふうに問いが深められるなら、総じて、「私は大学に何を求めて進学しようとしているのか?」という問いを受験生が自分に向ける機会を提供できるのであれば、「大学のパブリシティ」はすでに教育的に機能していることになる。

しかるに、早稲田のこの広告は広告屋のアオリに乗って、「バカをおだてて商品を買わせる」戦略を採用している。この「スペシャルマガジン」の広告文面に横溢《おういつ》するのは、誰が見ても「バカな受験生はこういうコマーシャル乗りのキャッチに簡単にひっかかるんだよな、バカだから」という受験生を「なめた」姿勢である。このような姿勢がどのように教育的に機能すると思っておられるのか。私は早稲田大学の要路の方にそれをお聞きしたいと思う。

それは独り早稲田大学の延命にとってはあるいは短期的には有意な選択であるのかも知れない。だが、日本の将来を考えればいやしくも高等教育機関が採用してはならないものである。

イマドキの受験生はたしかにこのパブリシティにほいほいひっかかるほどバカかも知れない。しかし、ビジネス優先で、大学人がその知的判断力を「見下している」受験生を迎え入れ続けていたら、その大学はもう教育機関としては「終わり」である。人は、自分を「見下している」人間から何か「善きもの」を教わることはできないからである。

いま現在の学力知力がいくら低くても、学生の知的ポテンシャルの開花に有り金を賭《か》けることのできる教育機関だけが、教育的に機能する、と私は信じている。

教える側が教わる側の知的ポテンシャルに対する期待と敬意を失ったら、教育はもう立ち行かない。だからむしろ、私たちが若い世代において涵養《かんよう》すべきなのは、こういう愚民化的パブリシティを採用するような大学には「絶対行きたくない」と感じる知的センサーだと思う。

イマドキの受験生はたしかに教養はなく、学力も低い。それゆえ、それに対応して教育プログラムを下方修正することは避けがたい。しかし、それは大学を高校「並み」にするということではないはずだ。というのは、これまでの大学の教育的機能は依然として大学が担わなければならないからだ。それを代替してくれる教育機関は存在しない。である以上、これからしばらくの期間、大学は四年間で「中等教育と高等教育」を同時に行うという、空前絶後、前代未聞の教育機関としての歴史的使命を（願わくば暫定的に）担ってゆかなければならないのである。

私学経営に逆風が吹き荒れているおりもおり、明日の日本の知的インフラを整備するために教育機関としてこれまでの二倍の仕事をしなければならないという、とんでもない試練のうちに日本の大学はある。

私たちには模倣すべきモデルがなく、にもかかわらず、成し遂げなければならない仕事は山積している。明治以来、日本の大学がこれほどまでにおのれの社会的機能について熟慮しなければならない時期、日本の大学の歴史的使命がこれほどまでに重い時代はなかったと私は思う。

そういうときにこういうパブリシティを見ると、私は足元ががらがら崩れるような虚脱感を感じてしまうのである。

目を覚ませ、早稲田。

（02年11月10日）

市場原理で活性化したか、堕落したか

興味深い記事が今朝の朝刊に出ていた。

松本和子《まつもとかずこ》早稲田大学教授の研究費の不正使用についての記事。

松本教授は架空のアルバイト料として研究費一千五百万円を不正受給。うち九百万円を投資信託で運用。バイオ系ヴェンチャーと二千五百万円の架空取引も発覚。不適切使用の疑いのある研究費の総額は三億円にのぼる。その他にも共著論文についての不正疑惑も浮上している。

大学教授の「データ捏造《ねつぞう》」と「研究費不正使用」の記事を見ない日はない（というのはオーバーだけれど）、「見ない週はない」くらい頻繁に報道されている。

こういう場合は、

（1）もともとこういう事件は日常的にあったのだが、たまたまその事件が話題になっているので、優先的に報道されている

（2）もともとはあまりなかったのだが、最近急に増えた

のいずれであるかについて考えてみる必要がある。

教師のわいせつ行為とか、警官の不祥事とかは、（1）なのであるが、あまりに日常的に頻発している事件なのでニュースバリューがない。たまたま話題性があると判断するとメディアは「洪水的」に報道するので、読者は「わ、こんなに急に」とびっくりしてしまうのである。でも、ふだんからそういうものなのであるから驚くには及ばない（だから安《あん》堵《ど》するということでもないが）。

大学教授のデータ捏造や研究費の不正使用は（2）である。これは文部科学省が音頭取りをして始めたあの「自己評価・自己点検活動」のマイナスの成果だと私は見ている。自己点検・自己評価というのは、要するに教員の業績や能力をカタログ化し、標準化し、数値化することである。

フーコーだったら「権力を内面化すること」と言うだろうけれど、そのこと自体は特に悪いことではない（人類社会ができてからずっとやっていることだからだ）。けれども教師の活動を網羅的にカタログに記載して、それを単一の度量衡で計測して、順位をつけて、予算を傾斜配分するということになると、たいていの人間は数値をふやすことそれ自体を自己目的化してしまう。内容はどうでもいいから、とにかく数字を、ということになる。

本学でも私が自己評価委員長のときに、教員評価システムを導入して、活動についての外形的な評価をしようという提案をしたら、何人かの教員から「そんなことをしたら、数値だけふやそうとする教師が出てくる」という反対意見があった。私はよく意味がわからなかったので、きょとんとしていたが、これは私が不明を恥じなければならない。世の中には研究それ自体に愉悦を見出すことのできない研究者が想像以上にたくさんいたのである。

理科系は外形的な数値を重んじる傾向が強い（人文系の場合は、論文を十年に一本しか書かない教師が「私の論文は一本でふつうの学者の論文の十倍の価値がある」というような妄言を言い募っても、誰も咎《とが》めないから、数値化自体にあまり意味がない）。理系の場合は、データを捏造しても、とにかくはやく国際的なジャーナルに投稿して論文点数を稼がねば、という焦慮が出てくる。

理科系の場合は、金がなければ研究が進まないので、投資信託でも株式運用でも賄賂《わいろ》でも、とにかく研究費を確保して、しかるべき研究成果を出せば「結果オーライ」という手荒な研究体制に傾きがちな方もおられるのである。気の毒だが、なにしろ国立の理系の場合、年間研究費が十五万円（！）というようなところもある。

これでは、コピー代も出ない。研究費が要るなら、外部資金を導入できるような研究をしてみろ、と上の方は凄《すご》むのである。

外部資金が導入できない研究は要するに社会的ニーズがないのだから、さっさとやめてしまえ。定年まではただ飯を食わせてやるから、もう無意味な研究はするな。そう言われている理系教員がおそらく日本中に何千人かいる。

そういうふうに「市場原理」を導入したことが大学における研究を活性化したのか、それ以上に堕落させたのか、これについてはそろそろ損得勘定を始めてもよろしいのではないか。

（06年10月6日）

研究したけりゃ、金を持ってこい

K島大の梁川《やながわ》くんが西洋史学会のために神戸に来られ、我が家に一泊されることになったので、久闊《きゅうかつ》を叙すのである。

愚痴の一つも聞いてもらおうと思ったが、開口一番「私学の教師の愚痴など聞けません！」と一喝される。文部科学省に毎年一億円ずつ補助金を削られ、年間研究費が十五万円しか給付されない地方国立大学（じゃなくて独立行政法人だな）の教員の「生殺し」の苦しみを知らぬのですか（学会に一回出るとその旅費だけで年間研究費を使い切ってしまうんだから）。

聞いてびっくり。なんとK島大では理系の教員でさえ年間研究費が十万円そこそこという方がおられるのだそうである。「それでどうやって研究するの？」とお訊《き》きする。よそから研究費を調達してこいというのである。それなりの研究であれば、科研でも企業からの産学連携も学内起業もいくらでも金を手に入れる方法はあるであろう。

それでやりなさい。それができない研究者は要するに「社会的に存在理由のない研究者」だということである。給料だけは払うから、研究費を取ってこれない学者はそのへんの隅っこでじっと息をひそめて定年の日を待ってなさい。

というのが地方国立大学の現況だそうである。国立大学といえば、正直申し上げて「社会的に存在理由を挙証する責任がない」ことを奇貨として、レイドバックな日々を過ごされてきた研究者のみなさんがあまたおられたわけであるから、この天国から地獄への逆落とし的状況変化はまことにお気の毒とはいえ、自業自得と言えないこともない。

わが梁川くんは乱世型の人士であるから、こういうはちゃめちゃな状況には強いらしく、人文系研究者としてはめずらしいフットワークのよさと人脈を活用して、いろいろと面白い研究的イベントを企画されているようである。

しかし、地方国立大学における財政的締め付けというのはわれわれ私学教員の想像を絶したものがある。少なくとも私ども私学の教職員は「運命共同体」をかたちづくっており、連帯感とチームワークを期待することができる。

だが、毎年研究費が削減されてゆくというネガティブな大気圧の下では、ほとんど同僚の口からパンを奪い取ってわが口に押し込むようなせつないサバイバルゲームを戦い抜かねばならない。研究したけりゃ、金を持ってこいというタイトでシビアな条件下での文系教員の「肩身の狭さ」は想像するだに哀れである。

このような暴力的な再編プロセスをたどりつつある日本の大学はこのあとも知的センターとしての社会的機能を維持できるのであろうか。私には何だか不可能なことのように思われる。

（05年5月15日）

郊外移転で社会的機能を損なう

新聞を読んでいて「大学」という文字を見ると、条件反射的に目が行く。今朝もある記事に目が行った。そして深いため息をついた。どうして大学の人ってこんなに頭が悪いんだろう(言いたかないけどさ)。

青学の厚木《あつぎ》キャンパス「放棄」のニュースである。一九八〇年代に都内の大学が続々と郊外に移転した。表向きの理由は「キャンパスが手狭になったから」である。たしかに理工系の学部がとにかく空間を欲しがっていたのは事実である。

しかし、人文科学、社会科学系の学生や教員にとって郊外への移転には何もメリットがない。交通の便が悪くなるだけではない。山を切り開いたようなキャンパスの周囲には、本屋も映画館もジャズ喫茶も劇場も美術館も、何もない(あるのはローソンと「村《むら》さ来《き》」だけである)。

それでも大学側が移転にこだわったのは、その前の「学園紛争」に懲りたからである。二十四時間、学内学外者を問わず出入り自由の校舎が都心にあるということが全共闘運動を支えた強力なインフラであった。「お茶の水カルチェラタン」地区がそうであったように、そういう拠点には学生が湧き出すように何千人も集まり、機動隊が来ると、あっと言う間に「街の中」に消えてしまった。まさに「都会という大海」のアクセスの良さが学生運動には有利に作用していたのである。

だから、大学当局は同じ過ちを繰り返さないために、郊外に巨怪なキャンパスを作って大学を「社会」から隔離することにした。学生たちはＩＤカードのチェックを受けないと校舎に入れない。誰が何時から何時までどこにいたのかをコンピュータで集中管理できる。学外者がキャンパスを跳梁《ちようりよう》するというようなことはもうあり得ない。

策は功を奏して、社会から隔離された学生たちは政治に対する関心を急速に失っていった。しかし、大学は大事なことを忘れていた。受験生たちはいずれ「偏差値は高いけれど厚木や八王子《はちおうじ》にある大学」より「偏差値は低いけど渋谷《しぶや》とか六本木《ろつぽんぎ》にすぐに出られる大学」の方に高い市場価値をつけるに決まっているということである。そんなこと誰だってわかる。

青山学院大学は厚木の山奥、最寄り駅からバスで四十分というところにキャンパスを作ったために「厚木学院」大学と呼称され、志願者の急減という悲惨な事態を招いた。学生党派の梁山泊《りようざんぱく》の感があったお茶の水の中央大学はまるごと八王子に移転したせいで、都心にとどまった隣の明治大学に人気で大きく水をあけられた。

そして、十八歳人口激減のいまになって八〇年代に郊外に移転した大学の「都心回帰」が始まったのである。青学は三百億円を投じた厚木キャンパスを捨てることにした（そしたら中等部の志願者が急増したそうである）。

早稲田、明治、法政、立教、日大、東洋大が都心に土地を購入するなどして新キャンパスの整備を始めている。都心にある大学でないと受験生が集まらない。まして社会人対象の大学院や公開講座の場合はオフィスからのアクセスが悪いのは致命的だからである。

私が驚くのは、八〇年代に大学の郊外移転が始まったときに、「都心から郊外に移ることで大学としての社会的機能のいくつかは致命的に損なわれる」ということを私のような助手風情でさえ予言できたのに、大学要路の人々の中にそれを真に受けた人がほとんど存在しなかったことである。

どうして当時の大学関係者たちはこれほど明々白々な未来が予測できなかったのか、私にはどうしても理解できない。


（00年7月26日）

第6章　神戸女学院大学が生き残る道

「負け犬」対策における超先進校

やれやれ。

どうなることか蓋《ふた》を開けるまでわからなかった二〇〇四年度入試であるが、出願状況に変化が見られたことはメディアが報じている通りである。

「女子大回帰」志向が顕著に現れたのである。東京では白百合《しらゆり》、聖心《せいしん》、昭和女子大などが志願者を増やし、関西では京都女子大、同志社女子大、そして本学が志願者を増やした。

繰り返し書いている通り、ほとんどの大学が前年比割れをしている中で、志願者を増やすというのは、「異常事態」である。どうやら、ここ十年来の女子学生の「共学志向」「実学志向」「キャリアアップ志向」が上げ止まりしたらしい。

先週の「週刊朝日」のいささかジャーナリスティックな分析によれば、「わりと偏差値が低いので入りやすく」、「でもブランド力はあって」、「おじさん受けがいいので、就職率が高く」、「二、三年勤めて、さらっと『寿退社』コースをねらう女性にベストチョイス」という「一・五流女子大」に人気が集まった、ということらしい（津田塾《つだじゅく》や東京女子大のような「一流女子大」はむしろ志願者を減らしている）。

要するに、いま顕在化しつつあるのは「勝ち犬シフト」の徴候である、という分析である。そうかー。「勝ち犬シフト」かー。まことに若い女性の機を見るに敏であることには刮目《かつもく》せねばならない。

しかし、「勝ち犬」人生を求めて本学に出願された受験生のみなさんには、たいへん申し上げにくいことであるが、わが神戸女学院大学は実は「負け犬の名産地」として知られた大学なのである。

正確な統計を取ったわけではないが、本学の卒業後十年後の結婚率はおそらく三〇％台のはずである。

残る六〇～七〇％は「三十路《みそじ》、未婚、子なし」の「負け犬」集団であり、おまけにその相当数は加えて「キャリアなし」の「スーパー負け犬くん」である。なぜ、このような憂慮すべき事態が生じたのか、これについては私も教員の一人としてアカウンタビリティを感じている。

私の見るところ、「スーパー負け犬くん」の大量発生には二つの理由がある。一つは「親がリッチ」ということであり、一つは「サクセスした同期生が多い」ということである。

そう。まことに不思議なことではあるが、「親がリッチで、友人にサクセスしている人が多いと、スーパー負け犬くんになりやすい」の法則というものが厳として存在するのである。これは阪神間ブルジョワジーに蔓延《まんえん》するある種の「風土病」と申し上げてもよろしいかと思う。

その病因と発症の連関は考えてみれば、おわかり頂けるはずだ。

「親がリッチ」であると、子どもの「勤労意欲」がいちじるしく阻害される、ということはすぐにおわかり頂けると思う。そりゃ、そうだね。

「ねえ、パパ、免許とったの！」

「おお、そうか。じゃ、父さん、こんどジャギュアに乗り換えるから、あのポルシェ、お前にあげるよ」

というような家庭環境で育った子どもが時給八百円のマクドのバイトをするはずがない。しかし、それはある意味、不幸なことだ。

というのは、実際にその子が親のコネなしで、労働市場に放り出された場合に、とりあえずは時給八百円の仕事しかないわけだが、数カ月こつこつと働いて五十万円貯金した場合に得られる達成感は、親の年収が二百万円の家庭の子どもが同額の貯金を成し遂げたときの達成感と比すべくもないからである。

親がリッチだと、子どもは「額に汗して働くことのヨロコビ」から遠ざけられる。だって、「額に汗して働くことのヨロコビ」というのは、周囲の人々から「えらい！」「ありがとう！」「あなただけが頼りなの」「わが家の希望はおまえの双肩にかかっているのだ」といった言葉を繰り返し寄せられることで事後的に得られるものだからだ。

仕事がどれほどきつくても、自分のこの苦役が愛する人々の生活を支えていると思えばこそ、「額に汗する」ことはヨロコビとして経験されるのである。「その労働に周囲の誰も期待していないし、誰も依存していない労働」が私たちに「達成感」をもたらすということはあり得ない。

だから、「親御さんがリッチ」という条件は、いきなり子どもたちから「労働することの誇り」を奪ってしまうのである。親がリッチな人は、自分の「分相応」の仕事については「意欲」も「達成感」もなかなか持つことができない（結果的には、そのことが「社会的能力を段階的に獲得する」ことを妨げる）。これが「スーパー負け犬くん」発生理由の一番目。

第二の理由は「サクセスしている友人が多い」という点である。本学はご存じの通り「スーパー勝ち犬くん」をぞくぞく輩出している。ビジネスで、学問で、メディアで、アートで、社会活動で、ご活躍するばかりか、すてきな夫とかわいい子どもたちに囲まれて

「めちゃハッピーな」家庭生活を過ごされている同窓生は枚挙にいとまがない。

ふつうは、そこまで「絵に描いたような勝ち犬人生」を送っている人にはめったにお目に掛かる機会がない。ところが、本学のキャンパスでは、諸般の事情により、「絵に描いたような勝ち犬人生」を謳歌《おうか》されている同窓生のおばさまがたが、シックな宝石をさりげに飾り、イタリア製の靴音も高らかに、磨き上げたベンツのドアから「しゃっ」と降りてくる……というような風景にたいへん頻繁に遭遇するのである。

「サクセスして、ハッピーな同窓生」は学生にとっては「励み」であると同時に「プレッシャー」としても機能している。そのような先輩を「モデル」に想定して、そこからの減点法で「いまの自分」との差を計量していたら、誰だって気が滅入《めい》ってくる。

同じことが同世代でも起こる。自分と同期の人々が、はなやかな成功を収めていると聞くと、人は「焦る」。うちの卒業生で「花咲く」人は、けっこう早い段階で社会的評価を獲得し、メディアに名前が出て、写真が新聞雑誌を飾ったりする。

同期生としては「焦る」よね。「おっと、こうしちゃいられないわ」ということになる。焦る人々は「私、こんな職場でくすぶっているわけにはゆかない」とか「こんな仕事じゃなくて、ほんとうの私らしさが発揮できる仕事に就くべきだわ」とか「こんな人じゃなくて、私の隠された才能と魅力を理解している人といっしょにならなくちゃ」ということを言い始める。

しかし、焦って事態が好転するということはあまり、ない。こういうことを言う人間は、残念ながら、ごく少数の例外を除いて、ほとんどが吸い寄せられるように「キャリアダウン」のコースをたどることになる。

友人があまりにサクセスフルな場合は、人は自分のいまの状況に違和感を覚えて「ここではない、もっと日の当たる場所」を渇望するようになる（結果的には、それが「いまの状況」における周囲の人々からの評価や信頼を損なうことになる）。

「勝ち犬」量産システムに身を置くということは、逆に言えば、その「勝ち犬」たちを自分の「サクセス」のめやすとして採用せざるを得ないがゆえに、「不充足感」に苦しむ可能性が他の場所よりも高いということである。不充足感につきまとわれている人間は「いまの自分の正味の能力適性や、いまの自分が組み込まれているシステムや、いまの自分に期待されている社会的役割」をクールかつ計量的にみつめるということがなかなかできない。

それは、言い換えれば、「分相応の暮らしのうちに、誇りと満足感と幸福を感じる」ことがなかなかできない、ということである。人生の達成目標を高く掲げ、そこに至らない自分を「許さない」という生き方は（ごく少数の例外的にタフな人間を除いては）、人をあまり幸福にはしてくれない。

あまり言う人がいないから言っておくが「向上心は必ずしも人を幸福にしない」。幸福の秘訣《ひけつ》は「小さくても、確実な、幸福」（村上春樹《むらかみはるき》）をもたらすものについてのリストをどれだけ長いものにできるか、にかかっている。

ま、それは別の話だ。しかし、だからといって、ここまで読んだ受験生諸君が「じゃあ、神戸女学院大学なんか受けるのやめよう」と思うのは短見というものである。

それは話が逆。いまの日本において、本学はまず「負け犬対策」における超先進校であると申し上げて過言ではない。

ワクチンは風土病の発生現場でしか作られない。そういうものである。だから「勝ち犬シフト」の諸君も、「勝ちとか負けとか、そもそも私は『犬』になんかなりたくない。私は『人間』になりたい！」という諸君も、すべからく本学に結集されんことを訴えて、ご挨拶《あいさつ》に代えたいと思います。


（04年3月2日）

「秘密の花園リベラルアーツ」

とりあえず、「神戸女学院大学は『地上の楽園』です」というお話。

ウチダのような人文系ファンタジストが大学管理職の席にあり、自己評価活動の責任者であり、教員評価システムの提唱者であり、大学でもっとも「文部科学省ならびに大学基準協会寄りの人間」とみなされている神戸女学院大学はおそらく日本でも希有《けう》なる「牧歌的」な大学の一つであると申し上げてよろしいかと思う。

なにしろ、どう考えても、本学にはウチダより「体制的な」教員がいないからである。大学審議会の答申を読んでは「なるほど」とうなずき、大学基準協会の報告書を読んでは「そうだよねー。たいへんだよねー」と涙ぐむ人間はとりあえず教職員の中には多くない。

「もっとも体制順応的」な教員がウチダであるような大学とは、どのような大学なのであろう？　私にもうまく想像がつかない。うまく想像がつかないが、私が十八歳の子どもだったら（ああ、想像するだに怖気《おじけ》をふるうが）、「ウチダが《もっとも体制的》な教員とみなされているような大学なら行ってもいいかな」と思うであろう。

うん、私なら思うな。絶対（そんな学生ばかり集めてどうするのかという問題はさておき）。

学長から本学の「リベラルアーツ教育」の特徴を端的にひとことで言い表すようなコピーを、という募集があった。私もいろいろ考えた。「時代錯誤のリベラルアーツ」「時代と添わないリベラルアーツ」「森の奥なるリベラルアーツ」「夜霧の彼方《かなた》のリベラルアーツ」「浮いてて悪いかリベラルアーツ」「秘密の花園リベラルアーツ」……。おそらく学長の御意にかなうものは一つとしてないであろうが、私にはこのコピーの一つひとつが深い実感を伴っているのである。

本学の最大の魅力は、開学以来一度としてその時代のドミナントなイデオロギーと親和したことがないという、その「場違い」性にある。私はそう思っている。百三十年前、太平洋を渡ってきて、江戸時代と地続きの神戸の街に「自主自立する女性」を育てるための私塾を開設した二人のアメリカ人女性宣教師は明らかに明治初期の日本において「場違い」な存在であった。

その起源から「あれ……、お呼びでない？」的な立ち位置こそが神戸女学院の「本来の」エコロジカルニッチなのであると私は思う。そして、そのようなポジションにあるときにこそ、本学はその「本来のポテンシャル」をぐいぐいと発揮するのである。さらに敷《ふ》衍《えん》して、高等教育の本義とは、その時代のドミナントな価値観に対して、そのつど「場違い」であるところにこそ存するのではないかとさえ思っているのである。

だとするならば、その全史においてつねに「場違い」であった神戸女学院とは、その語の正統的な意味において「もっとも高等教育にふさわしい学府」であるとは言えまいか。

（05年6月8日）

「受難するリベラルアーツ」

○クルートの大学関連系のシンクタンクのみなさんがどどどと登場して、パワーポイントを駆使して、「これでもか」の大学改革の「ここがツボ」の乱れ撃ち。
　本学の大学サバイバル戦略にはツボにはまっているところも多少はあるものの、ツボから大いに逸脱している点もあり、そもそもそこに「ツボがある」ということさえ覚知されていなかった点もあり、太平の眠りを覚ます「黒船的」プレゼンであった。

　予期されていたこととはいえ、近隣の各大学のどの学部が「いつ」定員割れを起こすかのシミュレーションを拝見したときは、魂消える思いがした。

　なにしろ、危険水位を超えて当該学部が「沈没」するときに、パワーポイントは小さな「ドッボーン」という効果音を発するのである。「貴学については、このようなシミュレーションはしておりません」と講師の方はおっしゃっていたが、老狐ウチダはそのような言葉を軽々に信じるほど初心ではない。

　講演後、階段横で講師の方をつかまえて「ほんとはしたんでしょ？」とぐりぐり脇腹を肘《ひじ》でつつく。

「ね、ほんとのところはどうなんです」

「ま、それはですね、ここだけの話、ごにょごにょ」

「何、『ごにょごにょ』ですか」

「というか、ごにょごにょごにょ」

「ほおお……」

伏せ字部分については賢明なる同僚諸氏の想像に委ねるとして、さまざまな状況的与件が不確定である以上、未来は依然として霧の中である。リ○ルートのみなさんと、遠藤《えんどう》FDセンター・ディレクター、荒木《あらき》課長と会食。

会食中も「あの、ここだけの話ですが、○○大学の○○学部ありますね、あれ、どうなんですか」「あ、あそこはですね……」というような生臭い話が続く。

あえて一般論にまとめると、「創意」のあるところに道は開け、「模倣」するものに未来はない、というのが私の総括的印象であった。

世の中というのはなべてそういうものである。今日のプレゼンで本学について示されたデータのうち、もっとも興味深かったのは本学の知名度が想像以上に低いということであった。それはもう、驚くべく低い。

競合校であるK女子大やD女子大やM川女子大に比べても「がくん」と低い。しかるに、「神戸女学院を知っている」「興味がある」集団だけを対象にしたアンケートでは大学評価が高い。たいへんに高い。つまり、本学について何らかのことを知っている人間が伝える情報においては本学の評価が高いのである。で、情報を伝えられない人は何も知らない。当たり前だけど。

浅草の路地奥の排他的な天麩羅《てんぷら》屋みたいな「知る人ぞ知る」大学なのである。微妙な立ち位置である。「脱＝路地裏」路線を選択して、「カフェ気分でリーズナブルなランチは半天丼にエスプレッソ付きで六百八十円！」的にカジュアル展開するという手もある。「べらぼうめ、うちは寛永《かんえい》元年からの老舗《しにせ》でい。半チクな野郎に食わせるネタはねえよ」的にあくまでミステリアスなオーラ頼りのインビジブル・アセット勝負という手もある。悩ましいところだ。

老舗がじたばた「若作り」をしても、空回りすることが多い。しかし、暖簾《のれん》だけでしのげる時代でもない。

この「細うで繁盛記」的葛藤《かっとう》そのものを、けれん味なしに、すなおに開示してゆくというのがおそらくは本学のパブリシティの王道なのであろう。

そして、「受難するリベラルアーツ・荒野に屹立《きつりつ》するキリスト教教育」の矜持《きょうじ》を保ち続けることがおそらく本学教職員に共通する言葉にならない願いであるように私には思われた。

あるいは、そのような「あいまいな立ち位置」そのものが、退路を断って太平洋を渡ってきた二人のアメリカ人女性宣教師によって明治初頭の神戸に建てられた女学校の百三十年の本来的エートスにもっともふさわしいものなのかも知れない。

（05年4月29日）

いまの二十歳は半世紀前の十五歳

東京に業務出張。

まず市ヶ谷《いちがや》の私学会館（アルカディア市ヶ谷）に「特色ある大学教育支援プログラム」の第二回目の申請をしに行く。そのあと、ただちに神田《かんだ》一ツ橋に移動。一ツ橋ホールで「大学機関別認証評価にかかわるシンポジウム」にでかける。

こんなことを書いても、おそらく本学教職員でも意味がわからない方が多いであろうが、実は二週間前に学校教育法が改正されて、今年からすべての国公私立大学は認証評価機関による評価を受けることが義務づけられたのである。法令だけが先行して、まだ認証評価機関そのものは試行段階である。

これまでは大学基準協会が加盟判定審査と会員校の相互評価を行ってきた（本学も二〇〇〇年に基準協会の相互評価を受けて、「ちゃんとした大学である」というお墨付きを頂いた。その書類作りが第二次自己評価委員会までのメインのお仕事だったのである）。

だが、基準協会は任意団体であるし、組織の規模からしても、日本全国七百二校の大学全部の認証評価を法令が定めた七年間の期限内に片づけるだけの能力がない。そこで、国立の大学評価・学位授与機構が評価認証機関の中核となり、これに私大協の「日本高等教育評価機構」が続き、とりあえず三つの評価機関が連携してことにあたることになったのである。

評価というのは要するに「教育の品質について、国際的通用性のある規格を定め、うちの大学はそのグローバル・スタンダードをクリアしてます」という「検印」を受けるということである。

もちろん、こんな国際規格が問題になってきた背景には、日本の大学生のあっと驚くほどの学力低下がある。現在の日本の大学二年生の平均的な学力は、おそらく五十年前の中学三年生の平均学力といい勝負、というあたりではないかと思われる。まあ、平均寿命が延びているのだから、いまの二十歳が半世紀前の十五歳とイーブンというのでも、別に国内的にはそう換算していれば誰も困らないのであるが、国際的にはいささか体面が悪い。

というわけで、「おたく、ちゃんと子どもに基礎的なこと、教えてますか?」ということをチェックするために、教育活動を重点的に大学評価を行うことになったのである。

困ったものである。こういうふうにしてどんどん大学の仕事がふえてゆくのであるが、言いたかないけど、これは本来大学の責任ではない。初等中等教育がきちんと機能してないので、そのツケを大学が払っているのである。おそらくこれからあとの大学評価の中心的なチェックポイントは「導入教育」システムの整備ということになるだろう。

「導入教育」というのは、要するに「中学英語の文法がわからない学生、分数の計算ができない学生、カール・マルクスとグルーチョ・マルクスの区別ができない学生、矛盾を無純と書く学生」のような方々を「何とかする」ための予備的教育を補習するということである。そうやってどんどん大学教員の仕事はふえてゆくのであるが、言いたかないけれど、本来これは大学教員の仕事じゃないのよ。

しかし、愚痴を言っても始まらない。

(04年4月15日)

「堤防に開いた穴」を発見すべきだが

自己評価委員会。

学生のできも悪いが、教員のできも相当ひどい、というのが大学自己評価活動の「大前提」である。そうはっきり言われると全国の大学教員のみなさんはさぞや不愉快であろうが、その否みがたい事実を前にしたところから自己評価は始まっている。

自己評価活動というのは、自分たちの大学で行われている教育研究活動の「問題点」を洗い出し、それをどう改善するのかについて具体的な提言を行うことである。しかし、なぜかそういうふうに考えている教員はあまり多くない。

多くの教員は、自分の教育研究活動の「問題点」の発見よりも、自分の「美点」をショウオフすることに熱心である。それって、何か重大な勘違いをしていないだろうか。私たちはいわば「堤防に開いた穴」を探している。ほうっておくとそこから堤防が決壊するかも知れない将来的なリスクを発見するのが自己点検・自己評価活動である、というふうに私は考えている。

しかし、どうも教員のみなさんは「堤防の穴」の発見よりも、「穴はともかく、堤防の桜の木は美しい」とか「穴はともかく、堤防から見える富士山はすばらしい」というようなことを言い立てる方にいそがしい。私は問題点を洗い出すための考課システム導入をご提案した。それに対して、教員のみなさんのかなりの方が「問題点が表面化しないような考課システムに作り替えてほしい」というご提言をされてきた。

あのー。それだと自己点検にならないんですけど。教員のみなさまも例えば自動車を車検に出すときに「点検リスト」(オイルの量はとか、ファンベルトのへたり具合とか、タイヤのすり減り具合は)というようなものがあって、「問題点」の洗い出しをしていることはご存じであろう。

その場合に「問題点が表面化しないような点検リスト」を作ることはどういうメリットをもたらすのであろうか。「タイヤがバーストしかけているけど、窓ガラスがきれいだから、問題なし」とか「オイルがなくなっているけれど、カーステレオの音がいいから、パス」というような点検をする整備工場にあなたは車を預けるだろうか。

私は預けない。そんなものを私は「点検」とは呼ばないからだ。自己評価委員会は、うちの大学にはどんな問題点があるのか、個々の教員にはどんな問題点があるのかをリアルかつクールにチェックし、改善努力を要請するための委員会であると私は考えている。

改善努力すべき点が徴候化しないような点検システムを作ることにいったい何の意味があるのか。誰がそれによって利益を得ることになるのか。

私にはよくわからない。

（02年10月31日）

狼少年のパラドクス

昨日は一日、自己評価委員会最終報告書の「自己点検・評価」項目を書いていたので、肩がばりばりに凝ってしまった。

別に文部科学省や大学基準協会に提出する正式書類ではなく、学内的な報告書なので、そんなに必死に書かなくてもよいのであるが、四年後の認証評価のための基礎ドキュメントになるわけだから、次期委員長でFDセンター初代ディレクターの遠藤先生のお仕事を少しでも軽減するために、できるだけ必要な情報をコンパクトにまとめて残しておかなくては……とまじめに執筆してしまった。

しかし、例えば次のような評価項目にどうお答えしたらよろしいのであろう。「自己点検・評価結果の客観性・妥当性を確保するための措置の適切性」

自己点検・評価というのは、いわば自動車の仕業点検のようなものである。ちゃんとブレーキは効くか、タイヤの空気圧は大丈夫か、ランプは点《つ》くか、オイルはあるか……というようなところをチェックするわけである。その自己査定の「客観性・妥当性」はどうやって確保するのであろうか。

原理的には方法は二つある。一つは査定に熟練したプロに見て貰《もら》うということ。一つはその車を実際に運転して、トラブルが起きたら泣くのは自分だという当事者意識を持つこと。

自己評価の妥当性を最終的に担保するのは、本来なら「当事者意識」だろうと私は思う。自分がこれから運転する車のブレーキが効かないのに、「平気ですよ、これくらい」と笑い飛ばすことができる人はいない。ところが、自動車じゃなくてものが大学となると、それを気にしないでいられる人が現にいる。「あの、ブレーキが効かないみたいですけど……」という勧告に、「でもオーディオの音質は最高だから」とか「ローズウッドのパネルがきれいでしょ」というような答えで応じてくるのである。

どうしてそうなるかというと、「ブレーキが効かなくなった」という指摘を「非難」というふうに解釈されるからである。別にこちらは「あんたが壊したんだろ、責任とれよな」と言っているわけではないのに、そういうふうに取ってしまわれるのである。

困ったものである。すぐれた医者は決して患者を責めない。たしかに多くの病気はご本人の生活習慣や健康管理の悪さに起因するのは事実であるから、患者を責めて「お前のせいだ」と言うのは簡単なことである。でも、そう言われて「よし、これからは生活習慣を改めるぞ」というふうになるかというと、ほとんどの場合はそうならない。

ふつうは「叱る医者」のところから足が遠のくだけである。医者から足が遠のいたせいで健康が回復するということはあまりない。患者が嬉々《きき》として医者のところに繰り返し通うように仕向けるのが名医である。

それと同じく、組織の機能不全についても、それを他責的な語法で語るのは、ロジカルではあるけれど、実効性がない。

歯周病が悪化するのは、私のブラッシングが足りないせいなんだけど、それについては触れずに、あえて「歯が悪い」と、歯のせいにして、患者を免罪するのが呪術医の骨法である。「患部と患者」を共犯関係にくくりこむよりは、「患部」をワルモノにして、「患者と医者」が共同原告団として「歯」を責める、という話型は治療の方法としてはたいへんに効率的なのである。

「なんてひどい歯なんでしょう。これじゃ、あなたも大変ですよね。気の毒に……」と言ってあげれば、患者は「歯の悪行」を逐一報告すべく、医者のもとにいそいそと通うことを厭《いと》わなくなる。

じゃあ、自己評価もそういうふうにすればいいかというと、これがなかなかそうもゆかないのである。というのは、池上六朗《いけがみろくろう》先生もつとにご指摘されているように、そうなると患者は医者を喜ばせようとするからである。

患者は「この辺が悪いんじゃないかな」と指摘された患部が指摘通りに痛むことによって医者に「迎合」しようとする。「ここが痛いんじゃない?」と言われると「あ、そこです、そこです。そこ、すごく痛いです」と答えるというのは、「え、そうですか? そこ痛くないですけど」と答えるよりも心理的に負荷が少ない。というのは、「ここ痛い?」に対して「あ、そこ痛いです」というのは紛れもなくある種の「みごとなコミュニケーション」だからである。

不快感の同定についてのコミュニケーションの成立がもたらす快感はしばしば症状の消失がもたらす快感を上回る。それはくだらない人間の話を聞いて「くだらねえことを言ってやがる」と内心憤然としているときに、横にいる人がぼそっと「くだらねえなあ」とつぶやいてくれたときの「おおお、キミもそう思う?」という共感のもたらす快が、その「くだらない話」を聞くことによる不快を上回ることがあるのに似ている。人間というのはまことにややこしいものである。

で、話を元に戻すと、「自己点検・評価結果の客観性・妥当性を確保するための措置の適切性」なのであるが、たしかに論理的に一番適切なのは、「自己」としての当事者意識を持つことなのである。

だが、当事者意識を持つと、問題点・改善点の指摘を「非難」と解してコミュニケーションを閉ざすか、問題点・改善点の指摘に「迎合」して、無意識的に「病状」の劇的な徴候化を望むようになるか、いずれかになってしまうのである。

四年間、自己評価委員というものをやって、私自身がよくわかったのは、私が「迎合」タイプの人間だったということである。この四年間、さまざまな情報を精査して、「おお、このあたりが問題点・改善点だな」と思った組織的欠陥は多々ある。

その結果、私が何をしたかというと、どちらかというと「ますます病状が劇的に徴候化する」方向に棹《さお》さしたのではないか……という感が拭《ぬぐ》えないのである。

だって、そうでしょ。せっかく「ここが問題です」とご指摘申し上げたのである。それなのに、「何でもなかった」というのでは、私の「誤診」ということになる。それでは私の批評的知性の適切性にいささかの曇りが生じるではないか。

「狼少年のパラドクス」というのは、「狼が来た」という（それ自体は村落の防衛システムの強化を求める教化的な）アナウンスメントを繰り返しているうちに、「狼の到来」による村落の防衛システムの破綻《はたん》を無意識的に望んでしまうことである。

組織的欠陥の自己評価のむずかしさはここにある。「欠陥はない」という言い逃れで問題点を隠蔽《いんぺい》して責任を回避しようとする人間と、「欠陥がある」というおのれの指摘の正しさを事実で証明するために、組織的欠陥を露呈するような状況の到来を待ち望むような人間の二種類の人間を作りだしてしまうということである。

というわけで、「自己点検・評価結果の客観性・妥当性の確保のための措置」についての私の回答は、「あらゆる自己点検・評価は、自己の欠点を過小評価する人間と、自己の欠点を過大評価する人間を構造的に二極化するという事実をクールかつリアルに受け止めること」というところに落ち着くのである。

（05年3月12日）

がんばっていない先生は反省を

全学教授会で「火だるま」となる。

身の不徳の致すところであるから仕方がないといえば仕方がないのであるが、職務上の立場から公的に提案していることがらについて、ウチダ個人の人格にかかわる批判まで受けるとさすがにこめかみに青筋が立ってくる。

繰り返し言うけれど、私はやりたくて「こんなこと」をしているわけではない。いま「これ」をやっておかないと、いずれ「もっとやりたくないこと」をやらなければならないことになる蓋然《がいぜん》性が高いと判断したので、やったらいかがでしょうかとご提言しているわけである。

事情をご存じない方には何のことだかわからないであろうが、「教員評価システム」導入のことである。日本の大学教員というのはこれまでほとんど「評価」フリーの特権身分であった。

川成洋先生が『大学崩壊!』で示したデータによれば、大学教員の二五%は過去五年間に一本の論文も書いていない。学内行政や入試事務を「雑務」と称して、多くの教員が「私は研究者なので雑務はやりたくありません」とうそぶいている。

もちろん、一方に研究熱心な教員、学務に心身をすり減らしている教員、教育に命をかけている教員もいる。

提案させて頂いた本学の教員評価システムは、そのような「がんばっている教員」と「それほどがんばっていない教員」の業務の差を目に見えるかたちで数値化し、がんばっている先生には励ましを、がんばっていない先生には反省を、という趣旨のものである。

文部科学省はそういうシステムを早く作れとせっついているし、大学基準協会もそういうシステムを持っていないと認証評価での大学格付けに影響が出ますよ、と繰り返し指摘してきている。認証評価において高い信用格付けを得られるかどうかは、大学淘汰《とうた》の時代に大学の存続にダイレクトに関与する。それは私たち自身の雇用確保上、死活的に重要なことである。

そう考えて、教員評価システムの整備を自己評価委員会で四年にわたって案を練り、二度の大学研修会でも長時間をかけて審議した。そして最終案を提示したところで、やはりまた「こんなものを作って何になる」「こんなもので大学への貢献を数値化されるのはごめんだ」「だいたい、話の順番が違う」というようなもろもろのご反論が寄せられた。

そういった反論にはこれまで何度もお答え申し上げてきたはずである。いったい同じことを何度言わなければならないのであろうか。

おそらく「聞きたくない答え」は先方の耳には選択的に聞こえていないので、それゆえ同じことを何度でも訊《たず》ねられるのであろう。働いても働かなくても同じ給料がもらえ、研究してもしなくても同じ潤沢な研究費が支給されるようなのどかな職場環境は、いま日本のごく一部の大学にしか残されていない。

さいわいなことに、本学はその「ごく一部の大学」の一つである。ずっとこのままでいたいという願望を私はよく理解できる。でも、それはむずかしいだろうと思う。非常にむずかしいだろうと思う。

この研究環境がハードな仕方でクラッシュしないようにするには、外からの淘汰圧に対するある程度の「備え」が必要である。その「備え」の一つとして教員の自己評価のシステムを立ち上げることは戦略的には適切な判断であると私は考えている。

その「常識」がなぜか多数の方の同意をすみやかに得るというふうには展開しないのである。

それはこれまで学内でウチダが同僚に対して働いてきた「悪事」や「暴言」の清算を迫られているという側面も（すごく）あるので、他人を責めてばかりもいられないのであるところがちょっと切ないが。

（05年6月18日）

第7章　研究者に仲間入りするためには

「おれって天才か」と笑みを浮かべる

研究者に必要な資質とは何か、ということをときどき進学志望の学生さんに訊ねられる。お答えしよう。それは「非人情」である。それについてちょっとお話ししたい。

大学院に在籍していたり、オーバードクターであったり、任期制の助手であったり、非常勤のかけもちで暮らしていたりする「不安定な」身分の若い研究者たちにとっていちばん必要な知的資質はその「不安定さ」を「まるで気にしないで笑って暮らせる」能力である。

ご存じの通り、大学はいま「冬の時代」であり、大学がつぶれて、生首を切られて路頭に迷う大学教師があと数年で珍しくなくなると予想されている。その時代に他人をおしのけて研究職に就くことは想像を絶する至難の業《わざ》である。この先、おそらくいま博士号を持っている人たちのうちの半分も定職には就けないだろう。

そのような時代においてあえてこの道を選ぶ以上、それは「生涯定職なし、四畳半暮らし、主食はカップ麺《めん》」というようなライフスタイルであっても「ま、いいすよ。おれ、勉強好きだし。好きなだけ本読んで、原稿書いてられるなら」と笑えるような精神の持ち主であることが必要である。

たとえ才能があっても評価されず、すぐれた業績をあげてもふさわしいポストが提供されない、という「不条理」に若手の研究者の過半はこののち耐えなければならない。もちろん普通の人はこんな「不条理」には耐えられないし、耐える必要もない。

能力に対して適正な評価がなされ、働いた労力に見合う対価が得られる職業は探せばいくらでもある。「不条理」はいやだという人はそういう「条理の通る」世界で生きる方がいい。この「不条理な世界」を平気で生きられる人は、二種類しかいない。

（1）この世界以外ではまったく「つぶしがきかない」人

（2）自分がいま研究していることに夢中で、毎日が楽しくて仕方がない人

いまの大学の教師の七〇％は（1）であり、二〇％が（2）である（あとの一〇％は「どうみても営業マンとかバーのマスターとか政治家とかの方が向いているのに大学の教師なんかやっている「変わりもん」である）。それ以外の人はこの業界には向かない。「条理の通る世界」に進む方がいい。

私が研究者の資質として必要であると思うのは（2）のような精神構造である。それを私は「非人情」と呼んでいる。

ている。他人が自分をどう思っているか、自分は何を期待されているのか、自分がどうふるまうべきか）がわかった上で、それを無視する人間のことである。「非人情」とは他人の「人情」というものをそもそも自分の行動決定における初期条件にカウントしない人間のことである。他人が自分をどう思っているかというようなことは、はなから「非人情」な人間の思考の主題にならないのである。

「非人情」の人間の場合、「私はこうしたい、これが知りたい、これを語りたい」という強烈な欲望だけがあって、他の人が自分に何を期待しているか、その結果を他人がどう評価するか、自分の言動が他の人にどういう影響を与えるか、というようなことはほとんど念頭にのぼらない。

「不人情」な人間も「非人情」な人間も他人を配慮しないことに変わりはないが、「非人情」な人間は必ずしもつねに他人に害をなすわけではない（「世界中の困っている人を救おう」というような途方もないことを考えるのは、たいてい「非人情な人間」である）。

友達が窮迫してお金を借りに来たときに、それを断って定期預金にするような人間は「不人情」である。友達に同情して有り金ぜんぶ貸しておいて、家では妻子がお腹を減らして待っていることをころっと忘れてしまうような人間は「非人情」である。

違いがおわかりだろうか。つまり、パースペクティブが「めちゃくちゃ狭い」状態と「めちゃくちゃ広い」状態を痙攣《けいれん》的に行き来するために、適正なパースペクティブ――家族とか地域社会とか業界とか、要するに「人情」が規範的であるような境域――に対する配慮が構造的に欠落している人を「非人情」と呼ぶのである。

で、私が思うに、研究者に限らず、独りで何かをやろうとする人に必要な資質はこの「非人情」である。私の知る限り、楽しそうに仕事をしている研究者や芸術家やアントレプレナーはみなさん折り紙つきの「非人情もの」である。

非人情でなければ「不条理」に耐えてなおかつハッピーに生きて行くことはできない。四畳半でカップ麺を啜《すす》りながら、自分の原稿を読み返して「おいおい、おれって天才か。勘弁してくれよ。そういえば、心なしかおいらを祝福するように空がやけに青いぜ」と温かい笑みを浮かべることができるようなタイプの人間だけが、いまの時代に幸福に生きることができる研究者だろうと私は思う。

大学院進学を予定している学生さんたちは自省して、自分がどれほど「非人情」であるかをよくよくチェックすることをお薦めしたい。

（01年1月12日）

ろくでもない学者はたいてい幼児的

「研究者としての適性」とは、ひとことでいえば「開放性」である。外部に向けて開かれていること。

それに尽きる。それは社会人としての適性とほとんど変わらない。だから、私の知る限り、すぐれた研究者はたいていは成熟した社会人である（ビジネスマンになってもちゃんと出世されたはずである）。

逆に、ろくでもない学者はたいてい幼児的である。日本の学者の相当数は幼児的で、粘着的で、閉鎖的である。

それを「学者に固有の属性」と思っている人がいるが、それは勘違いというものである。その勘違いこそ日本が知的立国において先進諸国に大きくビハインドを負っている理由の一つなのである。もちろん、幼児的で粘着的で閉鎖的で狂気と紙一重の「マッドサイエンティスト」のもたらす科学史的ブレークスルーの存在を私とて否定するわけではない。

しかし、「真性マッドサイエンティスト」は遠目でもそれとわかるほどに強烈に怪しいオーラを発し、あたりの気の秩序を攪乱《かくらん》しまくっているので、保身の術《すべ》に長《た》けた私が「それ」を見逃すはずがない（即、逃げる）。

それゆえ、私が出入りするような穏健な学界で「幼児的で……」（以下略）を見かけた場合は、「ただのバカ」に分類して過つことがないのである。

大学院の面接も、学生の社会的成熟度を見るという点では、就職試験と少しも変わらない。私がビジネスマンだった場合にその学生が来年四月から来る「新入社員」として使えるかどうか、それを基準に私は院生を査定している。「使える」というのは何か特殊な才能や技術を「すでに」有しているということではない。

「まだ知らないこと」を「すぐに習得する」ことができるかどうかである。学部教育程度で身につける学術的な知識情報のほとんどは「現場」では使いものにならない。

だから学部教育が無意味だというようなことを言っているのではない。見なければいけないのは、大学でその知識情報を身につけるときにどのような「ブレークスルー」を経験したか、である。

もしその学生が中学生・高校生のときに設定した知的枠組みを少しも壊されることなしに、無傷で大学四年間を過ごしてきたとしたら、そのような学生はどのような種類の仕事であれ（ビジネスであれ、学問研究であれ）適性を欠いている。

この知識技術を身につけておくと「金になる」とか「就職に有利」とか「偉そうにできる」というような幼児的な動機で勉強している学生は、どれほど努力しても、それこそ体が壊れるほど勉強しても、それによっていかなるブレークスルーも経験することがない。

ブレークスルーとは「脱皮＝成熟」ということだからである。一度でも脱皮＝成熟を経験したことのあるものは、脱皮＝成熟が「どういうこと」であるかを知っている。経験したことのないものにはその感覚がわからない。

自分の知的枠組みの解体再構築を喜ぶのは、ポストモダニストが言うように、エゴサントリックな知的秩序を自己審問することが知的＝倫理的だからではない。

単に「それが楽しいから」である。

だから、私が若い人の成熟度を判定するときは、「その人がそれまで聞いたことのない種類の言葉」を聞いたときに「耳をふさぐ」か「耳を開くか」その瞬間的な反応を見る。「知らない言葉」にふれたとき「思わず微笑んでしまう」かどうかを見るだけで成熟度の判定には足りるのである。

（05年7月6日）

「ありがとう」と言いたくなる

学術論文とレポートのいちばん大きな違い（つまり学術性ということですけれど）は何だと思いますか？

データの厳密さ？　論証の合理性？　知識の深さ？

うーん、そういうものも重要なファクターですけれど、それらはあくまで「いちばん大きな違い」の派生物にすぎません。

あのね、レポートにはなくてもよいけど、学術論文に必要なものというのは「読む人への愛」です。レポートは「これだけ勉強しました」ということを教師にわからせればいいのです。査定者である教師だけに向けて書けばよくて、教師以外の誰かが読むということは考慮する必要がありません。

学術論文は違います。読者がいます。というか、一人でも多くの読者に、少しでも長い期間にわたって「読み継がれる」ということ、それこそが学術論文の価値を構成するのです。

まだ見ぬ読者に向けて書くこと。その心構えに学術性のアルファからオメガまでが含まれます。きちんとしたデータを示すのも、典拠を明らかにするのも、合理的でていねいな論証をするのも、できるだけ多くの先行研究や関連研究に目配りするのも、すべて「読者のため」です。

どういう読者かというと、「あなたと同じ主題で卒業論文を書くつもりでいる、五年後、十年後の内田ゼミのゼミ生」をあなたの卒論のとりあえずの読者として想定してください。そういうゼミ生がいまのあなたがたと同じように、卒論を書くという状況になったときに、とりあえず「どんなもの」を読みたいと思いますか？

その主題を「山」だとすると、「登山のためのガイドマップ」のようなものですよね？　最寄り駅はどこで、どんな装備が必要で、山頂まではどれくらいかかって、どこに難所があって、どこに山小屋があって……。

そういうことがきっちり書いてあって、そこに行ったことのない人でも、何となく「こういうふうにすれば山頂にたどりつけるのか……」がわかるし、山頂から見える景色も何となく想像ができて、読んでいるうちにわくわくするようなものが「よいガイドマップ」ですね。

そうでしょう？　卒論を書くときにあなたが読みたくなるのも、「そういう論文」のはずです。この主題はどのような重要性を持つものか（山の高さとか谷の深さとか、そういうことですね）。

この主題を考究するためには、どんな道筋をたどってすすめばよいか（「道筋」というのが同一主題についてこれまで蓄積されてきた「先行研究」のことです。山に登るときに、階段が切ってあったり、崖《がけ》に鎖がかけてあったり、迷いそうなところには標識が立っていたりしますね。あれです）。研究を始めるためにまず必要なデータや文献資料がきちんとリストアップしてあると、これから始める人はすごく助かりますね。

すぐれた学術論文というのは、「あなたがもしその問題に興味があるけれど、まだよくわかっていない」初学者だったときに「ぜひ読みたい」と思うし、「読んでよかった……」と思えるような論文のことです。書いてくれた人に「ありがとう」と言いたくなるような論文のことです。

贈与なんです。学術性の本質は。

だから、自分のために研究する人（名誉や威信が欲しいとか、出世したいとか、頭がいいことを誇示したいとか、金を儲《もう》けたいとか……）そういう動機で研究する人は、本質的な意味で学術的な人ではありません。

あなたがこれから書くのは「未来のあなた」（つまりその卒論を書き終えた一年後のあ

なた）から「現在のあなた」への贈り物になるようなものでなければならないのです。「未来の自分」から「現在の自分」への贈り物になるようなテクストを書くこと。それが学術的知性のもっとも生成的な働きです。

知性の本質はそういうふうに時間を「フライング」することだからです。むずかしいことを言ってすみません。

というのが「原理的な話」です。

具体的に「卒論研究計画書」には次のようなことを書きます。

（1）研究テーマ

（2）なぜあなたはその研究テーマを選んだのか（個人的な理由があるはずですよね）

（3）そのテーマについて、これまでどんなものを読んだり調べたりしたことがあるか（これが「先行研究の吟味」という作業です）

（4）それらのものを読んだり聞いたりしてきて、「なんか、違う……」とか「意味わかんない」とか「もっと知りたい」と思ったことがあるはずです（他人の書いたものを読んで、「まったくその通りだ！　私も前からそう思っていたのだよ」と思ったときには、そのことについて研究しようという気にはなりません）

（5）他の人の話を読んだり聞いたりして感じたこの「なんか足りない」「どこか違う」

という感覚を時間をかけてていねいに観察してみてください。そこからオリジナルな研究が始まります。そこからしか始まりません。あらゆる科学的仮説は先行する理論ではうまく説明できない「反証事例」の発見から始まってかたちづくられるからです。まあ、そんなむずかしい話はいまのところは忘れてもいいです

とりあえず、以上の五点に配慮して、二千字ほどのペーパーを書いてみてください。先行研究としては少なくとも「二点」の文献資料（できればもっと多くの方がいいんですけど）を探し出してください。

（06年1月17日）

論文は自分のために書くものじゃない

終日、学生院生の書いた論文を読む。

学部の卒論は優秀論文審査用、修論は修論の口頭試問用。修論は四本もある（面接は半日がかりである）。いずれもそれなりのクオリティのものなのではあるが、総じて「話がくどい」（人のことはあまり言えないが）。「話がくどい」のは、ある意味では仕方がないことだ。

論理の階梯《かいてい》を上がるときというのは、山に登る場合と同じく、螺旋《らせん》状にくるくる回ってゆき、だんだん高度を稼ぐものなのであるから。

だから、「さっき見たような景色」「さっき読んだような論点」が繰り返し出てくる。螺旋状にくるくる上がるのだから、繰り返しは避けがたい。しかし、それは論文を「書いているとき」の話であって、それを次に「推敲《すいこう》」するときには、そのあたりの反復描写はばっさり削除しなければならない。

論文は一度で書くものではない。一度書いたものを、（じっさいに自分がたどったコースとは違う）直線コースに書き換えて、それでようやく「初稿」なのである。

論文の目的は、ふもとから頂上まで上がり、「そこからはこんなものが見えました」というレポートを行うことなのであるから、最短距離で登ってみせるのが「読者へのサービス」である。

律儀に自分の足跡通りに進む必要はない。この「書き換え」作業の必要性が学生院生諸君にはまだなかなかご理解頂けていないようである。

「えー、だって、私これだけ苦労したんですよ。こんなに苦労しました、って書いちゃいけないんですか？」。書いちゃダメなの。まるで何の苦労もなく、すらすらと「頂上まで来ました」というふうに、書き換えてあげないといけないの。

苦労したのは君一人の事情であって、その苦労を追体験する義理は誰にもないんだから。君がそういうことを言うのは、「学術論文とは何のためのものか」という根本のところのみきわめがついていないからである。

学術論文は何のために書くのか。この問いにきちんと答えられる研究者は多くない。というのは、ほとんどの研究者は、「自分の研究業績を上げるために」書いているからである。修論を書く人は「修士号をとるために」書いているし、博論を書く人は「博士号をとるために」書いている。つまり、レフェリーに「査定」されて、合格点を取り、何らかの

「リターン」を求めて書いている。

だが、それは考え方がまるで間違っている。論文というのは「贈り物」である。私たちが先人から受け取った「贈り物」を次の世代にパスするものである。

私たちはゼロからの創造として学術論文を書き、その造物主的な偉業に対して学位や業績評価を対価として受け取るのではない。私たちはすでに「贈り物」を受け取っているのである。それを私たちは自分の身体と自分の知性を通して、次の世代に「パス」しようとする。

「パス」するとき、私たちはそこに「何か」を付け加えないといけない。先人から贈られたものを、「そのまま」差し出すことはできないのだ。

それはｒｕｄｅなふるまいだからだ。

野原で摘んできたきれいな花を、そのまま人にあげるよりは、自分の持っている小さなリボンで花束にする方が「気持ちがこもっている」というのに似ている。印刷した年賀状でも、すみっこに小さく「元気？」とペンで書き添えてあると、受け取った方がちょっとうれしくなるのと似ている。学術論文というのは、この「リボン」や「元気？」と同じ人類学的機能を果たしている。

私が学術論文において書いていることは九九％までが私が先人から教えてもらったこと

である。残り一%が私の「リボン」である。でも、わずか一%とはいえ、それはなくてはならぬものなのである。それは学術論文が「贈り物」たらしめるために不可欠なのである。

野の花を摘んで「花束」にするときに、私はいろいろな気づかいをする。ばらけないように、持ち運びしやすいように、花瓶に入れやすいように、挿したときに後ろの方に茎の長い花、手前に茎の短い花が来るように……。

それが「リボン」の仕事であり、それが「学術性」ということである。それは、「先人の知見」と「自分のオリジナルな意見」をきちんと分ける、ということでもある。どこからどこまでが引用で、どこからどこまでが創見であるのかがわからないような不分明な書き方が学術論文で許されないのは、それでは「贈り物」にならないからである。

リボンがないと花は束ねられない。どこまでが花でどこからリボンか、がわからないようなカオスは花束にはならない。でも、いちばんたいせつなのは、その花束は自分の部屋に飾る物ではなく、「人にあげるもの」だということだ。

引用出典を明記せよ、ということを学生に繰り返し教えるのだが、なかなかその意味がわからないらしい。巻末に「参考文献」というふうにまとめて列挙してあって、「あちこちからちょっとずつつまみ食い的に引用してます」と言って、しらっとしている。

あのね……君は「君の論文を読む人の身」になったことがある？　君の論文の中に、非常に興味深いデータがあったとしよう。何でもいいや、例えば、「心理学者である山田金太郎博士の最近の研究によれば……」というような文があるとする。それをみて、「あれ。『山田金太郎』って、あの金チャンのことかな。あたしの初恋の、金チャン、いまどうしてるんだろ?」と思った読者がいたとする（花ちゃん、ね）。

でも、君の論文では「参考文献」として三十冊の本の題名がどたっと並べてあるだけだ。どの本のどの頁を読めば金チャンの知見や近著を知れるか、花ちゃんにはまるでわからない。だから、参考文献リストにあった本を全部買うか借りるかして、一冊ずつはじめから終わりまで読む他に調べる手だてがない。たぶん、その作業には数週間か数ヵ月かかるだろう（おまけに、君が山田博士のコメントを読んだのは新聞記事かなんかで、それは参考文献にさえ挙がっていなかったりする）。

こういうのって不親切だと思わないか? 君が脚注をつけて、引用出典の頁数を示しておけば、ほとんどその日のうちに金チャンの近況は花ちゃんの知るところとなる。これだって花ちゃんへのささやかだけれど「贈り物」になるだろう?

そういうことだよ、学術性というのは。それを科学の用語で言えば「追試可能性」というのだ。

君が使ったデータとそのまま同じものが「誰にでもすぐアクセスできるように」してお

いてあげること。それが苦労してデータを取った人が「あとから追試する研究者」のために贈ってあげることのできる最良のプレゼントの一つだ。

きちんと出典を明記するのも、説得力のある論証を行うのも、明晰《めいせき》判明な文体を心がけるのも、利用した学術ソースへのアクセシビリティを確保しておくのも、すべては「(贈り物をしてくれた)先人への感謝」と「(贈り物をしてあげる)読者への奉仕」のためなのだ。

論文は自分のために書くものじゃない。だから、「私はこんなに勉強しました」とか「私はこんなに苦労しました」というようなことは学術論文に書くべきことではない(そういうことは、ウェブ日記に書けばよろしい)。

それは贈り物の手作りケーキに添えて、材料費のレシートとちらかった台所のポラロイド写真を差し出すようなものだ。それがどれくらい「はしたない」ことかは君にでもわかるだろう。それと同じだ。

学術論文で「話がくどい」というのは、そういう意味で「はしたない」ことなのだよ。論文はどれほど苦労して書いたものであっても、あくまでスマートに、エレガントに、シンプルに、さりげなく読者へ向けて差し出さなければならない。

きれいなリボンをつけて、「元気?」というメモも添えてね。

(03年3月11日)

第8章　日比谷高校、東大全共闘の人々

トミタくんのお父さん

ぼくの通っていた都立日比谷《ひびや》高校では、いくつかの教科に「発表授業」というものがあって、生徒が二人一組になって百分間の授業を担当するということがしばしば行われていた。

一年生のとき、政治経済で発表授業をすることになった。級友の秀才トミタくんが眼鏡ごしに目をキラリとさせて、「ねえ、ウチダくん、自衛隊について発表しないか？」と提案してきた。

うん、いいよ、とぼくは答えた。さっそく二人で図書館にこもり自衛隊に関する基礎的なデータを集め、自衛隊についての賛否の政策的議論を調べた。だいたい調べがついたところで、トミタくんがふたたび目をキラリとさせて「実際に防衛庁（現・防衛省）に行って話をきいてみよう」と言ってきた。

自衛隊に？　どうやって？　「うん、当てがあるんだ」とトミタくんは静かに笑った。

数日後、ぼくとトミタくんは一緒に六本木の防衛庁を訪れた。門衛に名前をつげると、門衛の兵士は直立不動でぼくたちに敬礼をした。制服の士官に執務室に案内されると、スーツを着た端正な風貌《ふうぼう》の中年の紳士が立っていていねいに挨拶《あいさつ》をしてくれた。「父だよ」とトミタくんが紹介してくれた。トミタくんのお父さんは防衛庁にお勤めだったのである。

お父さんが手配してくれたので、ぼくたちは防衛庁内部を制服士官の案内で視察し、たくさんの資料を頂いて、内容の濃い発表授業を行うことができた。それからしばらくして、トミタくんのお父さんは警察庁に異動した。もともと警察官僚だったので、古巣に戻ったのである。

それからしばらくして、トミタくんのお父さんは宮内庁長官になった。そのときにはじめてある種の超高級官僚は、警察と自衛隊と宮内庁を結ぶネットワークをコーディネイトすることを主務としているのだということを知った。

考えてみれば、当然のことである。そのトライアングルこそが旧称でいわれたところの「國體《こくたい》」の中枢なのだから。そのトライアングルの管理者に求められるのがどのような人間的資質であるかはぼくにも想像がつく。恐ろしく頭が切れて、決して感情的にならず、私利私欲がなく、トップシークレットを供与する無数の「アセット」を国内外に有していながら、その情報を利用することを出来る限り自制できる人でなければ「こんな仕事」は務まらない。

警察と自衛隊と天皇制を結ぶネットワークの中枢にいた富田《とみた》朝彦《ともひこ》氏のもとにどれほどの質と量の情報が届けられたのか、とてもぼくには想像がつかない。そのほとんどは「墓場まで持って行くしかない」種類の情報だったはずである。

そして、現に富田氏はそれを墓場まで持って行った。たまたま、そのうちの一つがぽろりとこぼれた。それだけで靖国《やすくに》問題についての世論の動向がこれだけ振れた。いまでも新聞にその名前を見るたびに、四十年前に執務室に差し込んでいた淡い冬の日差しを背にしたシルエットを思い出す。

（06年7月24日）

二人に一人が東大に入る

ニューステーションを見てたら「日比谷高校復活？」という特集をやっていた。都立高校の長期低落傾向に歯止めをかけるために、都立日比谷高校が今年から独自入試を試み、「知識的」ではなく、「知的な」高校生を集める積極戦略を展開するというお話である。受験生には好感されていて、それなりに成果をあげているようだ。

嬉《うれ》しいことである。日比谷高校は私の母校である。私のみならず、夏目《なつめ》漱石《そうせき》や谷崎《たにざき》潤一《じゅんいち》郎《ろう》や加藤《かとう》周一《しゅういち》やルパン三世（声優の山田康雄）の母校でもある（他にも有名人はいろいろいらっしゃるけど、割愛）。

私は二年で放り出されたけれど、いま思い出しても、ほんとうによい学校であった。私が入った一九六六年には制服がなくて、大学と同じ百分授業移動教室前後期二期制でおまけに土曜が自宅学習日だった。ちょうどその年に東大入学者日本一の座を灘《なだ》高に譲って、入学式ではそんなことが話題になっていた。

だいたい二人に一人が東大に入るので、クラスでまんなかくらいまでにいれば「東大当確」という大変にわかり易い構造になっていた。私は入学時にクラスで一番だったので、自動的に「東大入学予定者」に区分されていた。

しかし、「予定」はあくまで「予定」であり、世の中にはいろいろと不随意なことが起こるものである。びっくりしたのは、私より勉強が出来る人がごろごろいるということであった。おまけに、彼らは私のように一日中勉強しているわけではないのである。

世の中は広い。私は入学してすぐに新井《あらい》啓右《けいすけ》君と塩谷安男《しおのややすお》君と橋本昇二《はしもとしょうじ》君という超高校級の秀才と知り合いになり、どっとやる気をなくしてしまった。十六歳なのに、新井君は財界人とため口をきいていたし、塩谷君は国政の先行きについて総理大臣のような口調で語っていたし、橋本君は万巻の書を読んで人生に飽き果てていた。加えて、「小口《おぐち》のかっちゃん」と知り合うに及んで、私は完全にやる気をなくしてしまったのである。

私の成績はほぼ七五度の角度で急降下し、高校二年の中間試験で学年最下位に達し、そこで水平飛行に戻り、そのまま学校から横に飛び出してしまったのである。

しかし、これはまったく日比谷高校の教育のせいではなく、私一人の責任であり、多少は「小口のかっちゃん」のせいである。ともあれ、私は日比谷高校で実に多くの個性的で魅力的な秀才たちと出会った（おお、ドクター北之園《きたのその》もそうだ）。そして、彼らから実に多くを学んだ。

一九六六年入学の日比谷高校生たちは同世代集団としては、私がこれまで出会った中でもっとも愉快で刺激的な人々たちであった。そういう学校をもう一度作り直すことができるかどうかわからないけれど、日比谷高校のみなさんにはぜひがんばって欲しいと思う。

（01年2月22日）

機動隊隊長のケツを蹴《け》り飛ばした

例えば「高校中退」ということは高校生にしかできない。決断のためにはあまり熟慮している余裕というものがない。即断即決である。

私は高校生活を心から楽しんでいたのであるが、「高校中退は高校生のときにしかできない」ので、とりあえずやめてしまったのである。しかし、私はそのことをまったく後悔していない。高校中退で勢いのついた私は、その後も、「やりたいことは即実行」「Tomorrow never comes」をモットーに、あらゆる「やらなかった後悔」の芽をつぶしつつ、今日に至ったのである。

昨日、借りてきた『ガキ帝国』を見ていたら、ラストまぢかに、一九六八年の大阪ミナミの街で、趙方豪《ちょうばんほう》君が機動隊員になった昔の不良仲間ポパイに「おう、何しとんじゃ」と話しかけ、「逮捕すっぞ、こら」と返されて、いきなり機動隊員の隊列の真ん中ではり倒す、という場面があった。何だかすごく懐かしい気がした。よく考えたら、同じことを私もやったことがあったのを思い出した。

一九七〇年の十二月、何のデモか忘れたけれど、銀座通りをデモしたことがあった。もう街はクリスマス気分で、こちらの気分もぱっと盛り上がらず、私は適当なところで隊列を抜けて、デモ隊を規制する機動隊の列のさらに外側をたらたら歩いていた。すると、機動隊の分隊長みたいな指揮棒を持ったおっさんが、立ち止まってトランシーバーでデモ規制の指示を出していたのに、ぶつかった。そのおっさんは二十歳の私の前にでかいケツを向けて、傲然《ごうぜん》と道を塞《ふさ》いでいた。

私にはこの無神経なケツが「国家権力」の象徴のように見えた。私は「即断即決」で、会心のトゥキックを機動隊隊長のアスホールにめり込ませた。彼はそのまま一メートルほど宙を飛んで、顔から街路樹の根もとに突っ込んだ。私はあまりの蹴りのあざやかな決まり方にわれながら驚いた。まわりの機動隊員たちも何が起こったのか、しばらくあっけにとられていた。

私は数十人の機動隊員の囲みの真ん中で隊長のケツを蹴り飛ばしたのである。隊長が起きあがって「そいつを逮捕しろ！」とどなって、私も隊員たちも我に返った。私はそのあと生涯最高のスピードで銀座通りを駆け抜けた。一度、一人の隊員の手が私のコートのフードの部分にかかったが、さいわい、マグレガーのダッフルコートのフードは「取り外し自由」のボタンがついていたために、ボタンをぜんぶ飛ばして、フードだけを彼の手に残して、私は銀座四丁目の角を有楽町方面に逃走しおおせたのであった。三十年前のいまごろのことである。

あのとき「即断即決でケツを蹴った」ことによって私はこういう人間になった。「熟慮の上、蹴らなかった」場合、私がどのような人間にその後なったのかはうまく想像できない。

いまの私よりたぶん「感じのいい人」になっていたとは思うけど、それは「私」ではない。

（00年12月20日）

私は君たちと縁を切る

重信房子《しげのぶふさこ》が逮捕された。

西成《にしなり》のワンルームに逼塞《ひっそく》して、高槻《たかつき》のホテルで捕まった。私は日本赤軍という政治党派に一度としてシンパシーを感じたことがないけれど、この逮捕には少しだけ心が痛んだ。何カ月か前、函南《かんなみ》の駅で過激派の中年男の方が刺殺されたときも何となく気持ちが暗くなった。一体、この人たちはいま何を考えて「政治」をしているのだろう。

一九七〇年代の初め頃に左翼の運動から「足を洗う」ときに、（洗うほど浸《つ》かっていたわけではないけれど、それでも）一度はある政治党派の運動に荷担した以上、（そして、その綱領や党派の「名において」何人かの人々を罵倒《ばとう》したり、傷つけたりした以上）その方向転換を説明する責任が自分にはあると考えた。どういうロジックで私は自分の転向を説明すべきだろう。「政治から撤退する」ことについて、どう考えてみても「ポリティカリーにコレクトな」言い分はありそうになかった。

現に、その頃、私のまわりでは運動から撤退する人たちがぞろぞろいたけれど、アカウンタビリティについて、お手本になれそうな人は一人もいなかった。彼らの多くは「一夜にして」転向した。前の日の午後までアジ演説をしていて、翌朝にはもう姿をくらましていた（そして、ほとぼりがさめた頃、髪を切り、眼鏡をかけ、こぎれいな服装で大学へ戻ってきた）。彼らは何も弁明らしいことは言わなかった。ただ以前の知り合いの姿をみかけると逃げ出すだけだった。

私は別に恨みも憎しみもあるわけではない。ただ聞きたいだけだった。「いったい、どうしたんだよ」。彼らはふてくされて答えた。「何とでも言ってくれ。おれは東大出という看板を捨てるわけにいかないんだよ」。なるほどね。

そのあと彼らは一流企業や中央省庁に入っていった。居酒屋で若い連中をつかまえて「おれらはな、身体はって戦ったんだよ」みたいな見苦しい説教をして嫌われることになったのはこの人たちだろう。これほどドラスティックではなく、何となく「自堕落」に崩れ落ちて行くというパターンもあった。

薄汚い四畳半に鬱屈《うっくつ》して、安酒と麻雀とジャズとセックスにどろどろよどんでいく「サブ・カル系」の人たちは、そもそもはじめからあまり政治的な人たちではなかったのかも知れない。彼らは運動が反秩序的で祝祭的である限りは嬉々《きき》としてつきあうけれど、ルーティン化するとあっさり見限って、彼らの「趣味の世界」に隠棲《いんせい》した。私はどちらかと言えば、この人たちと仲良しであった。

ベ平連のような市民運動上がりのリベラル派の学生たちもけっこうタフだった。彼らはデモに出ながら授業にも出ていたし、バリ封のあいまにサッカーなんかしていた。そのまさしたる葛藤《かっとう》もなく卒業した彼らは、有機農業をやったり、市民運動をしたり、田舎でペンションをやったり、ジャズコンサートのプロデュースをしたりして、地方の「ちょっと毛色の変わった教養人」みたいな快適なポジションをいまもたぶんキープしている。

私はこの人たちが苦手だったし、いまも苦手である。そして、学生たちの政治運動が現実的にほとんど無意味だということがわかっても、「革命」が幻想だということがわかっても、なお党派や組織にしがみついている「きまじめな人たち」がいた。

私が「言い訳」を用意しなければならなかったのは、たぶん、この人たちに対してである。この人たちはずいぶん酷《ひど》いこともしていたけれど、その「つけ」もきちんと払っていた。

彼らは約束されかけていた快適な社会的ポジションやプチブル的な快楽を捨てて、誰も感謝せず、誰からも尊敬されない「革命闘争」にその青春を費やし、彼らが求めた理想を何一つ実現できぬままに、何人かは無惨な死を迎え、何人かは白髪の老人となった。私は彼らにシンパシーを感じないけれど、彼らが二十代の一時期にいささか性急に選択した一つの生き方の「つけ」を生涯をかけて払い続けていることにはいくばくかの敬意を払う。彼らはとにかく「自分の負債は自分の身銭を切って払う」という態度を貫いているからだ。

この人たちと私の分岐点はどこにあったのだろう。「物理的暴力が嫌い」という私の気質はたぶんその分岐の一つだ。私は「物理的暴力が嫌い」な人間だというとびっくりする人がいるかも知れない。十代後半からほとんど休みなく武道（それはいかに効果的に人を殺傷するか、という技術の体系だ）を稽古《けいこ》してきた人間が「暴力が嫌い」だと。

でも、ほんとうに嫌いなのだ。正確に言うと「暴力が怖い」のである。私は身体的な暴力に対して異常に弱い。拷問にあったら、拷問者の靴を舐《な》め、ぺらぺらと仲間を売るようなタイプの人間である。痛いの大嫌いだから。そして、わずかな物理的暴力に屈服して、自分が最低の人間であることを思い知らされるというのは、痛いことよりもさらに気分が悪そうだ。「人に痛い目に遭わされる」というのは私にとって二重に気分が悪いことであるので、そのような機会をできるだけ最小化したいというのが少年期からの私の生き方の大原則であった。

武道を稽古したのは、できるだけ「痛い目」に遭わされないためである。強くなれば相手を痛い目に遭わせられるからではない。相手がむやみに多かったり、「ひ、卑怯《ひきょう》な、飛び道具とは！」という状況では私程度の武道能力はあまり役に立たない。

そうではなくて、武道を稽古していると、「やばい」状況というものに対する予知能力が高まるからである。「何だか、この角をまがるとやばいことがありそうだ」というような感覚はけっこう鋭くなる。おかげで、爾来《じらい》三十年、一度もやばい目に遭ったことがない。ただのおっさんを見ても「うーむ、一見ただのおっさんだが、実は拳法《けんぽう》の達人だったりして……」と妙に気を回して、こそこそ迂回《うかい》するからである。ま、とにかく、暴力を行使するのも、行使されるのも、私は大嫌いである。大、大、大、大嫌いである。

ところが、過激派の政治というのは、暴力というものを政治課題実現の手段として論理的には肯定する。私が行使する暴力の被害者が（私と同じように）暴力に屈してへこへこしながら、心底自己嫌悪に陥っている胸中を察すると、私には自分に暴力を行使する権利があるとは思えなかった。それが分岐の一番目。

もう一つの理由は、「政治的なもの」というのが「いわゆる政治プロセス」だけに限定されたものだというふうには考えられなかったことである。ある種の爆発的な政治運動を駆動するのは、綱領の整合性でも、政治課題の立て方の正しさでもない。不意に時代に取り憑《つ》く、ある種の「気分」である。その「気分」のメカニズムを理解したものは政治的に影響力を行使できる。「気分」のメカニズムがわからないものは何もできない。

そして、「気分のメカニズム」を理解したい、という私の知的欲求に、過激派の政治学は全く答えてくれなかった。二十歳の頃の私は漠然とそれを「狂気の構造」とか「物語への没入」とかいうふうな言葉で考えていた。サドやブルトンやバタイユは少しだけそのヒントを与えてくれた。しかし、それは非常に堅固なある精神的風土の産物であり、温帯モンスーンのびちゃびちゃした精神的風土に移植することはできそうになかった。

日常のごくトリヴィアルな経験のうちにしみこんでいる「政治性」について理解することと、そのこととの方が現実の政治過程に対する具体的なアクションの「正しさ」を論証することより優先順位の高い課題であるように私には思えた。というのも、レアルポリティークの場面では私は結局「誰かの尻《しり》」についていくことしかできないし、「誰かの尻」についていって、何らかの政治的成果を勝ち得たとしても、それは結局「私のもの」ではないからだ。

私は「私の政治」というもの――私以外の誰によっても構想し得ず、私がいなければ決して実現できず、私が完全なる熱狂をもってそのために死ぬことができるような政治行動――があり得るのかどうかを知りたかったのである。要するに、暴力が大嫌いで、知的操作が大好きな二十歳のガキだったわけだ、私は。

しかし、とにかく私はそのような危うい理説を掲げて学生たちの政治からの撤収を宣言した。私は「夜逃げ」もしなかったし、「四畳半」にも逼塞しなかったし、「シコシコ」とかいう擬態語で語られた「小さな政治」にもかかわらなかった。

私は自分が属していた党派の巣窟《そうくつ》に行って、これこれの理由で私は君たちと縁を切る、と宣言した。活動家の諸君はちょっとびっくりして私を見ていた。彼らは別に怒りもせず、非難もせず、「あ、そう……」というふうにぼんやり私を見ていた。もともとあまり私の政治力について当てにしていなかったから、失って惜しい人材でもなかったのであろう。

私は「じゃ、そーゆーことで」と言ってすたすたと出て行ったけれど、さいわい追いかけて引き留める人もいなかった。でも、それ以後も私は活動家の旧同志たちとけっこう仲良くやっていた。学内で会うとニコニコ笑い合い、いっしょにお茶を飲み、ご飯を食べた。いちばん仲の良かった金築《かねつき》君はそのしばらくあとに神奈川大学で敵対党派のリンチにあって死んだ。フラクの「上司」だった蜂矢さんはしばらくして殺人謀議で指名手配された。大学を仕切っていた政治委員たちは地下に潜った。

そしてみんないなくなった。私はぽつんと残された。自由《じゆう》が丘《おか》の駅でデートの相手を待っているときに交番のところに彼の写真が貼ってあった。「あ、蜂矢さんだ」と小さな声でつぶやいたら、制服警官がでてきて、「知り合いか？　おい、知ってるやつか？」と訊《たず》ねてきた。私は気まずくなってその場を早足で去った。

一九七三年の冬、金築君は太股《ふともも》に五寸釘《ごすんくぎ》を打たれてショック死し、蜂矢さんは逃亡生活をしていた。私は毛皮のコートを着た青学の綺麗《きれい》な女の子とデートをしていた。どこに分岐点があったのか、そのときの私にはわからなかった。いまでもよくわからない。

生き残った人間は正しい判断をしたから生き残ったわけでない。でも、生き残ってよかったと私は思う。少しは世の中の仕組みについてわかったこともある。少しは世の中の役に立ったことも（たぶん）ある。

重信房子はどう思っているのだろう。彼女もまた自分は世の中の仕組みについて理解を深めたし、世界を少しだけでもよい方向に押しやったと信じているのだろうか。たぶんそうだろう。そう思わなければ三十年もやってられない。では、私と重信房子のどちらがより「妄想的」であり、どちらがより「現実的」だったのであろう。

そもそも誰にそれを判断する権利があるのだろう？

（00年11月11日）

東大全共闘最後の立て看を片付ける山本義隆

毎日新聞から「当今の若者の政治行動について」インタビューを受けた。どうしていまの若者たちは言説レベルではあれほど排外主義的なのに、実際行動として政治党派を結成するとかデモをするとかしないのでしょう、というお訊ねである。

もちろん、そんなめんどうなことを彼らがするはずがない。彼らは「グローバリゼーションの申し子」だから、「できるだけコストをかけずに最大の利益を上げる」ことを生きる上での基本原則として教え込まれている。

しかるに政治運動というのは、若い人もおそらく直感的にわかっているだろうが、その全行程の九〇％以上が「ぱっとしない日常」である。運のいい政治運動の場合は一〇％程度の「祝祭的高揚期」に恵まれる。その時期には「祭りだ祭りだ」と有象無象《うぞうむぞう》がわらわらと寄ってくるので、一時的ににぎやかになる。

しかし、あらゆる政治運動は、どれほど綱領的に整合的でも、政治的に正しくても、必ずいつかは「落ち目」になる。これは歴史が教える永遠の真理である。しかし、政治運動が歴史的事象として記憶され、知的なリソースとして後代に活用されるためには、この「落ち目の局面」を粛々と担う「後退戦の将兵たち」が必要である。

ある政治的運動の歴史的な価値は、祝祭的な場面における動員数や、そこで破壊されたものの規模によってではなく、「非祝祭的後退戦」を黙々と担う「弔い役」の仕事のていねいさによって決まるのである。

「棺を蓋《おお》いて事定まる」と古諺《こげん》に言う通り、人の世の出来事はすべてが終わり、「がたん」と棺《ひつぎ》の蓋《ふた》が閉まったときにはじめてそれが何であったかがわかる。誰もがその思想や運動に見向きもしなくなったとき、こつこつと「後片付け」をする人間がどれだけていねいにその仕事を果たすかで、その価値は決まる。

東大全共闘は政治運動としてある種の完結性を持つことができたと私は思っているが、それは山本義隆《やまもとよしたか》という個人が「弔い」仕事を引き受けたからだ。痩《や》せて疲れ果てた山本義隆が一九七四年の冬、東大全共闘最後の立て看を片付けているとき、彼の傍らにはもう一人の同志も残っていなかった。冬の夕方、十畳敷きほどある巨大な立て看を銀杏《いちょう》並木の下ずるずると引きずって行く山本義隆の手助けをしようとする東大生は一人もいなかった。目を向ける人さえいなかった。

法文一号館の階段に腰を下ろしていた私の目にそれは死に絶えた一族の遺骸《いがい》を収めた

「巨大な棺」を一人で引きずっている老人のように見えた。東大全共闘は一人の山本義隆を得たことで「棺を蓋われた」と私は思っている。

ナショナリズムでもフェミニズムでも、政治運動である限り、それはいつか退潮期を迎える。そのときに「イズムの弔い」を引き受ける覚悟のある人間がいる政治運動はそのような「オーラ」を前倒しで帯びることになる。

「その政治運動が没落したときに見捨てない人間がいる」という未来の事実が、現在のその政治運動の質を担保するのである。

そのように時間の順逆が転倒したかたちで政治運動や政治思想は消長を繰り返す。日本軍国主義やロシア・マルクス主義がまったく利用価値のないイデオロギーであるのは、そのイデオロギーそのものの内部的な瑕疵《かし》ではないし、そのイデオロギーの名において構築されたり破壊されたりしたものが微々たるものだったからでもない。そうではなくて、そのイデオロギーが「落ち目」になったとき、身銭を切って「弔い」を出す人間が一人もいなかったから、それらのイデオロギーは政治的価値を失ったのである。

だから、いま日本のネットメディアをにぎわしている種類の政治イデオロギーは、それがどれほど多くの人間の賛同を得ようとも、どれほどの熱狂を作りだそうとも、利用価値のないイデオロギーだろうと私は思っている。毎日新聞の取材に私はそうお答えした。なぜなら、その政治運動が破壊したもの（これから破壊するもの）について、すべてが終わったあと、「私はその有責者の一人である」と名乗り出て、「石もて打たれる」覚悟の人間がいないからだ。

匿名で政治を語る人間が運動を「盛り上げる」上で大きな役割を果たすということはある。しかし、匿名で政治を語る人間が運動の退潮期に「弔い」の責務をわが身に感じるということはない。責任をとる気がある人間はそもそも匿名で発言したりはしないからだ。

繰り返し書くが、あらゆる政治運動、政治思想は「短い栄光の夏」と「エンドレスの気《き》鬱《うつ》な冬」から形成されている。そして、その運動や思想の価値を最終的に決定するのは「冬の過ごし方」に知的リソースを投じたひとにぎりの人々なのである。

（06年4月27日）

六八年と七〇年入学組の世代論的落差

一九四八年生まれと一九五〇年生まれのあいだには、ある種の世代論的落差があると橋《はし》本治《もとおさむ》さんが書いていた。

興味深い論件である。一つ思いつくことがある。私たちの世代の「子ども顔」の理由の一つはこのわずか二年のビハインドのせいで、私たちの世代が「原点的経験」を持つことができなかったということがあるような気がする。

六八年の東大入学者は相対的にはまだ静穏なる政治的状況を保っていた時期に大学に入った。そして、東大医学部で始まった学内の抗争が全学に飛び火し、ある日駒場《こまば》にも「機動隊導入」というかたちで「日常的なキャンパスライフ」が瓦解《がかい》した、という原体験を有している。彼らは不意に日常生活に闖入《ちんにゅう》してきたその「出来事」に応接すべく、それぞれの固有の私的な立ち位置から政治闘争へのコミットメントのかたちを模索することになった。結果的に、かなりの学生たちはレディメイドの政治言語を学習し、レディメイドの政治党派に組み込まれてゆくことになったわけだが、とりあえずは「固有名において政治にかかわる」ことがこの世代の方々には不可避の過程として経験させられたのである。

だが、七〇年入学の学生に「固有名」において語れる領域はもうほとんど残されていなかった。私たちがどんな政治的ふるまいをしようとも、それらはすべてがすでに「商標登録済み」であり、私たちが口にする政治的言説のほとんどはすでに網羅的にカタログ化されていた。だから、「あのー、オレが思うには……」と一言口を開いたとたんに、私たちは「なんだ、お前は〇〇派なのか」というふうに（場合によってはその名前も知らない政治党派に）同定されるか、「そういう発言自体がお前のプチブル的本質を露呈させてんだよ」というふうに決めつけられて沈黙することを強いられるか、どちらかだったのである。

自分が「オリジナルな言葉」を語っているつもりでいるときに、必ず「できあいの台詞《せりふ》」を語らされているということを思い知らされているうちに、私たちの顔つきは急速にねじくれたものになっていった。そういうものである。

あまり若い人をそういう逃げ道のない仕方でいじめるものではない。私たちの世代の中の比較的しぶとい諸君は（私もその一人だったが）、「原点的経験がないということ自体を原点的経験とする」というトリッキーな返し技に出た。つまり、「フェイクとしての政治闘争」を「フェイクだからこそ大まじめにやって何が悪い」と口を尖《とが》らせてみたのである。

これがのちに「ポストモダン」と呼ばれることになる思想型の先駆的形態であったこと

を、私たちはまだ知らなかった。例えば、私たちの二年前の世代にとって「この場に結集されたすべての学友諸君！」というのはその語義通りの「呼びかけ」であった。だが、七〇年において、「この場に結集されたすべての学友諸君！」というのは、「私は私がその実効性を少しも信じていないし諸君がまじめなものとして取るはずもない空疎で過激な政治的常套句《じょうとうく》をこれから語るであろう」という「あらかじめそれが意味するところの取り消しを求める抹消符号」のようなものとして口にされ、耳に届いたのである。

私たちはそういう言葉づかいにだけ選択的に熟達した。不幸なことである。

まあ、昔話はよろしい。その二年間のタイムラグのあいだに私たちの成熟を妨げたものがある。その落差の深さは世代を隔てる年数にはかかわらない。二年が半年でも、「そういうこと」は起こるし、二年が二十年でも、「そういうこと」が起こらないときには起こらない。

六八年から七〇年のあいだに「何か」があった。私は「遅れてきた」世代であるから、そこにたどりついた時には「もうなかったもの」を言葉にすることができない。たしかなのは、その「うまく言葉にすることができないもの」によって私たちの成熟への動機は深く損なわれたということである。

（06年1月6日）

第9章　一九六六年の日比谷高校生・吉田城と新井啓右の思い出

吉田城《よしだじょう》君は一九六六年に僕が東京都立日比谷高校に入学したときの同期生である。でも、僕が吉田君とはじめて言葉をかわしたのは高校においてではなく、六九年の一月、入学試験の数日前の京都大学構内でのことである。

その年、東大の入試が中止になり、日比谷高校生たちの半数ほどが京都大学に受験にやってきた。僕はその前年に退学させられていたのだけれど、秋に大学入学資格検定に合格して、何とか同期生たちと同時に受験するのに間に合った。僕は単身で京都に行ったが、日比谷の諸君は何人かずつ連れだってやってきた。その中に新井啓右君がいた。

新井君が同期で最高の知性であることは衆目の一致するところだった。いずれ新井君が同時代日本人の中でも最高の知性であることを学術の世界か政治の世界で証明するだろうと同期生はほとんど確信していた(惜しいことに、彼は東大法学部の助手のとき二十七歳で急逝した)。

僕はなぜか新井君と仲が良かったので、受験会場の下見にゆくときに新井君のグループに加えてもらった。その中に吉田城君がいた。それが吉田君と個人的に言葉をかわした最初である。

そのときに彼とどんな話をしたのか、何も覚えていない。なにしろ四十年も前のことだし、僕たちが京大構内に足を踏み入れるなり、火炎瓶が飛んできて、話にも何もならなかったからだ。粉雪の舞う曇り空にオレンジ色の焰《ほのお》の尾を引いて火炎瓶が放物線を描いて飛んでゆく時計台前の風景は何だかやたらにシュールで、大学受験というような切実な話とぜんぜん無縁のもののように思えた。

「受験はほんとにあるんだろうか？」と僕たちは近くの喫茶店で話し込んだような覚えがある。いつものように新井君が怜悧《れいり》で落ち着いた声で「いや、やるでしょう。そりゃ」と断定してくれて、一同はほっとした様子だったが、僕は内心「試験なんかなくなればいいのに」と思っていた。高校二年で学年最下位にまで成績が下がり、その後も十六科目も受験科目のある大検のせいで、受験準備が大幅に遅れていた僕は「だめもと」の京大受験だったからである。

そのときにどんな話をしたのかは一つも覚えていないけれど、吉田君と僕はたぶん二人とも「新井君の友だち」ということでお互いにそれなりの親しみと敬意を感じたはずである。僕たちの同期の間では「新井君の友だち」であるということはかなり限定された生徒にしか許されない、ある種の知的プレスティージだったからである。

同期の高校生のあいだに敬意とか威信とかいうものが存在して、それに基づいてデリケートな人間関係が構築されているというのは、わかりにくいことかも知れない。吉田君のことを話すために、僕たちが通っていた日比谷高校と新井君のことについて少し話しておきたい。

その頃の日比谷高校がどのような教育理念やプログラムで運営されていたのか、受験実績がどうであったのかというようなことは調べれば誰にでもわかるけれど、そのとき、その場所を覆っていた「空気」を想像的に追体験することはむずかしい。

吉田君と僕はその同じ「空気」を十五歳から十八歳までの間、肺深くまで吸い込んだ(僕は退学になったあともちょくちょく高校に「遊びに」通っていた)。その「空気」を吸い込んだ人々は(本人の意志にかかわらず)ある種の微弱な人格特性のようなものを共有することになる。吉田君と僕も、それを共有していた。

日比谷高校が僕たちの身体にしみつかせた残留臭気はごく微弱なものにすぎないから、部外者に嗅《か》ぎ分けることはむずかしい。でも、それを吸って育った人間同士にはすぐわかる。それは、「シティボーイの都会性」と「強烈なエリート意識」と「小市民的なエピキュリズム」に「文学的ミスティフィケーション」をまぶしたようなものだ(書いているだけでうんざりしてくるけれど)。

日比谷ではまじめに受験勉強をすることが禁忌だった。定期試験の前に級友からの麻雀の誘いを断って「今日は早く帰るよ」と言うためには捨て身の勇気が必要だった。「勉強したせいで成績がいい生徒」は日比谷高校的美意識からすると「並の生徒」にすぎなかったからである。努力のせいで得たポジションで同級生からのリスペクトを得ることはできない。試験直前まで体育会系のクラブで夜遅くまで汗を流したり、文化祭の準備で徹夜したり、麻雀やビリヤードに自堕落に明け暮れたり、フランス語で詩を読んだりしていて、それでも抜群の成績であるような生徒だけが「日比谷らしい」生徒と見なされたのである。

いやみな学校である。

みなさんだって、そう思われるだろう。

しかし、「いやみな学校」だと思われるということ自体「シティボーイである日比谷高校生」にとっては受け容《い》れがたい屈辱だったから、当然のように生徒たちは「嫌われずにすむ」方法にも習熟していた。それは「『ミスティフィケーションしていないふりをする』というミスティフィケーション」である。

「僕らは何にも深いことなんか考えちゃいませんよ。ただ、何となく空気に合わせて気楽にやってるだけなんです。成績なんて……気にしたことないですよ」と、さわやかな笑顔で、控えめに、かつものすごく感じよくアピールすることができるのが「真の日比谷高校生」の条件だった。

でも、四百五十人いる同期の中で、そんなふうにスマートにふるまうことのできた生徒はほんの一握りだった。吉田君は、新井君や塩谷安男君（弁護士）や小口勝司《おぐちかつじ》君（昭和大学理事長）とともに、僕がそのリストに名前を残すことのできる数少ない日比谷高校生の一人である。

そんなリストに名前が載ったからといって、別によいことがあるわけでもないし、悪いことがあるわけでもない。僕がそのリストに名前を載せた生徒たちのことを気にかけるのは、そういう種類の「空気」や「場の大気圧」のようなものに触れたときに、それに「気づかない」でもないし、「あえて逆らう」でもないし、肩の力を軽く抜いて「構えない」というオプションを採用することができた少年たちのスマートネスを僕が愛していたからである。

僕は日比谷高校に入って、そこで生まれてはじめて「スマートな少年たち」というものを見た。「スマートさ」というのは概念ではないし、網羅的なガイドラインがあるものでもない。それは身近に「スマートな大人」を見て育った子どもたちが自然に身につけたものであって、本人の努力でどうこうなるものではない。

僕が彼らのスマートネスを愛したのは、僕にはそんなものが備わっていなかったからだ。

僕自身は「さわやかな笑顔」とも謙虚さともミスティフィケーションとも無縁の、向上心むき出しの「どちらかといえば感じの悪い」ロウワーミドル階層の子どもだった。僕は「日比谷高校の空気」に牙《きば》を剝《む》いて、結局そこから放逐されてしまったけれど、このドロップアウトの最大の理由は、僕が「このままでは、あいつらには勝てない」ということに苛立《いらだ》っていたからだ。

死ぬほど勉強すれば彼らのレベルにまで成績を上げることがあるいはできたかも知れないが（いや、やっぱり無理だな）、その隙にシティ派的享楽も楽しみ、それでいて査定的なまなざしで少年たちを選別しようとする大人たちの前でさわやかに微笑んでみせるなんていう芸当は、僕にはとてもじゃないけどできそうもなかった。

仕方がなくて、僕は「スマートじゃない人間にしかできないこと」（中卒で働くというオプション）を選んで、自分のプライドを守ろうとした。もちろんそれで「彼ら」に勝てたわけではない。「負け」はしなかっただけだ。

それでも、僕は自分の中に「日比谷高校的な空気」がずっと残存していることを知っている。あれは一度吸ってしまうと、もう抜けない種類のものなのだ。第一、僕がドロップアウトしたということ自体が「日比谷高校の空気」を深く吸い込んでしまったことの効果に違いないのだ。あの都会的にソフィスティケートされた韜晦《とうかい》や立ち居振る舞いのさりげなさを身につけるために、どれほどの資源が水面下で投じられているかを知っているのは「やろうとしたけれど、それができなかった」日比谷高校生だけだからである。

僕は結局六九年の京大入試に失敗して、新井君と吉田君は京大に進んだ。新井君は翌年東大を受け直して東京に戻ってきたが、吉田君とはそれきりになった。

次に会ったのは本郷《ほんごう》の仏文科だった。一年浪人、一年留年した僕が本郷の仏文科の三年生に進学したときに、吉田君が修士課程に進学してきた。本郷の銀杏《いちょう》並木で遠くから僕をみつけた吉田君はにっこりと微笑んで、「やあ、一足お先に来ました」と挨拶《あいさつ》をした。

京都ではどうだったのという僕の質問に、大学がストとロックアウトでずっと授業がなかったからその間フランス語を勉強していたらフランス語がすっかり得意になっちゃって、と答えてくれた（そういうことを言ってもぜんぜんいやみに聞こえない人なのだ、彼は）。僕は大学のストで授業がないときには、どうにかしてもっと授業のない日を続けたいものだとヘルメットをかぶってキャンパスを走り回っていたので、僕の駒場のフランス語の成績はオールCで、その年仏文に進学した三十人の中で一番できない学生だった。

優等生と劣等生の会話だったけれど、吉田君はそういうときに「内田君も勉強がんばれば」というようなことは絶対に言わない。

「内田君はいつも楽しそうで、いいね」と手を振って去っていった（もちろん、彼はほんとうにそう思っていた）。

次に吉田君の消息を聞いたのは新井啓右君が死んだ後に編まれた追悼文集においてだった。留学先のフランスから吉田君が寄せた追悼文はほとんど「慟哭《どうこく》」というのに近いものだった。

僕はそれを読んで、吉田君もまた新井君という「原器」をつねに意識しながら自分の立ち位置やスタイルを決めていたということを知った。

それぞれが書いた追悼文を読んだあとに、吉田君と僕の間の距離は急速に縮まったような気がする。

かけがえのないたいせつな友人が死んだあとに残されたものには責務がある。それは死者が占めていた場所を「誰によっても埋めることのできない空虚」として、精神的な「永久欠番」のように保持しておくことだ。

「もし、新井君がいたら、この仕事をどう評価するだろう？」「もし、新井君だったら、こういう場面でどういう判断を下すだろう？」そういった問いは新井君の死後もしばしば僕を訪れた。おそらく吉田君の場合はそれ以上だったろうと思う。

その「失われた友人の記憶を保存する」という誰にも代替できない仕事が自分には課せ

られているという責務の感覚が、それから後の僕と吉田君の間の目に見えない結びつきをかたちづくっていたように思う。僕たちには、新井君を記憶する責任、彼がもう存在しないことがどれほどの損失であったかを痛感し続ける責任がある。たぶん二人ともそんなふうに考えていたのだろうと思う。一度も吉田君にそのことを確認したことはないけれど、そういうことは言わなくても、わかる人にはわかる。

彼がフランス留学中に患った宿病で苦しみながら、ほとんど「軽々と」国際的な水準の研究業績を上げ、大学での学務をこなし、幸せな家庭生活を営んでいることに誰しもが驚嘆したけれど、僕は「吉田君らしいな」と思ってそれを見ていた。

数年前、飛行場の荷物受け取り場で彼とたまたま隣り合わせたことがあった。「最近どう、元気？」という僕の質問に、彼は「いろいろ頼まれるんだけど、『育児と闘病で忙しいんです』というと、たいていの仕事は断れるんだ」と破顔一笑した。自分の病気をジョークにできるすこしブラックなユーモアの感覚は僕にはなじみ深いものだ。

二〇〇四年の夏休みに僕は京大の文学部で集中講義をしていた。教室に行くためにエレベーターに乗っていたら、ドアが開いて吉田君が乗ってきた。

「あれ、内田君どうしてここにいるの？」

「集中講義をしてるんだよ」

「道理で、いくら家に電話しても君がつかまらないはずだよ」

彼が僕を探している間、彼の研究室の一階上の部屋で僕は毎日お茶を飲んでいたのである。

彼の頼みは札幌である秋の学会のワークショップで彼の司会するセッションのパネリストとして出てくれないかということだった。

もちろん僕に古い友人の頼みを断れるはずがない。

セッションは吉田君が司会で、京大の多賀茂《たがしげる》さんと僕がパネリストで、テーマは「文学と身体　規範と逸脱」というものだった。多賀さんが「怪物と奇形」の話をして、僕が「身体と時間」の話をして、吉田君が「舞踏と文学」の話をした。かなりばらばらな発題だったけれど、司会の吉田君のみごとな手綱さばきで、ちゃんと話は着地した。

このセッションが、考えてみると吉田城君との生涯でたった一回の学術的な共同作業だった。

ワークショップのあと、キャンパスで吉田夫妻と同行の院生諸君に追いついて、クラーク博士の像の前でツーショットの写真を撮った。これが僕と吉田君が同じフレームに収まっているたった一枚の写真である。

その後、一緒に札幌駅のレストランで食事をした。僕の暴走的トークに吉田君がぴしりとクリスプなコメントを挟むという「いつものスタイル」で話が弾んだ。

その日、札幌駅頭で「じゃ、またね」と手を振って別れたのが吉田君と会った最後になった。

大学院時代からの研究仲間や同僚たちに比べると、僕が吉田君と過ごした時間はごく短い。僕よりずっと吉田君の人間性について熟知している友人がたくさんおられるだろう。でも、僕と吉田君が共有していたものは、一九六六年から六九年まで日比谷高校にいた一握りの少年たちにしかわからない種類のものだ。それは人格的にはふたりの共通の友人であった新井啓右君の存在と彼からそれぞれが受けた影響に集約される。僕たちは少年の頃に一人の得難い友人に出会い、彼の存在の大きさと彼を失ったことの重さをずっと心の中に抱え込んできた。同じものを失った「遺族」の欠落感が吉田君と僕を結びつけてきた。そういうかたちの友情というのもある。

いま、また一人の古い友人を僕は失った。彼の死は、彼のことをいつまでも記憶にとどめ、彼の不在を痛みとして感じ続ける人々をあとに残すことになる。そのような仕方で、レヴィナス風に言えば、「存在するとは別の仕方で」、死者は僕たちに触れ続けるのだと僕は思う。

第10章　文部科学省訪問記

高等教育局私学行政課長・杉野剛《つよし》さんとの対話から

二〇〇六年十一月末に、丸《まる》の内《うち》にある文部科学省のビルを訪ねて、高等教育局私学行政課長の杉野剛さんと対談をした。大学行政の要路の方と直接お話しするのははじめてのことである。

ご存じのように、私は文部科学省の教育行政に対してあまりフレンドリーではない。というより、かなり積極的に批判的である。それというのも文部科学省の教育行政がこの十年ほどいわゆる「構造改革」路線に則った市場原理の導入と歩調を合わせているように思えたからである。

市場原理に基づく「弱肉強食・適者生存」は、たしかにマーケットにおいては常識であろうが、学校教育をビジネスタームで解釈することは適切なのか、という根深い疑問がずっと私にはあったからである（そのことは本書中でも繰り返し触れている通りである）。

というのは、市場原理に基づく「大学淘汰《とうた》」を適切なものとして認め、その結果「弱いものを食って生き延びた学校」だけが生き残ったとしたら、それは「弱いものは強いものに食われるのが世の中のルールである」という考え方に疑いを入れない人々だけが学校教育に携わる社会が到来するということだからである。

教育行政の当事者はこのような流れをどう見ておられるのか。私はそれが知りたかった。最初に申し上げておかなければならないが、杉野課長にお会いして、私の不安はかなり払拭《ふっしょく》された。文部科学省も「こういう傾向」を歓迎していたわけではなく、むしろ苦々しい思いで見つめていたということを知ったからである。文部科学省が産業界からの「大学教育の実学化・グローバル化」要請に抗して、大学教育の自由を何とか守ろうとしているという話を伺って、私はちょっと「じーん」としてしまった。

考えてみれば、若い人々を学びへと動機付け、学術の水準を上げ、さらには日本人全体の知性的・道徳的成熟を期するという点で、文部科学省と私たち大学人の間に違いがあるはずはない。杉野課長と私は、過剰な実学志向への危機感、教養教育の再評価、人文系の学問の重要性の認識といった諸点で意見の一致を見た。

杉野課長はたいへん寛大な方で、私のかなり率直な（というより失礼な）物言いに対してもていねいに対応してくださった。本来なら対談をそのまま採録すべきなのだが、杉野課長の立場上、発言をそのまま採録すると「それが文部科学省の公式的な立場なわけですか？」という解釈をする方がいるだろうから、私の「聞き書き」というかたちでご紹介することにする。

これだと原理的に「伝言ゲーム的な情報の汚れ」が介入しているわけであるから、杉野課長には「そんなことは言ってません。内田さんの聞き間違いでしょう」と言う権利が留保されることになる。はじめから「聞き違い」していることを前提にしてひとさまの意見を紹介するというのも、ずいぶんな話であるが、その「ずいぶん」を差し引いても、たいへん興味深いやりとりがなされたのである。

マッドサイエンティストとオーバーアチーブ

ちょうど対談のあった直前に慶應義塾大学と共立薬科大学の統合が報道されたので、対談はその話から始まった。杉野課長は大学の統合を進めるべきだという立場である。「私はこういうことは進めるべきだと思っています。先生は反対なんですか?」という問いかけに私はこう答えた。

生物の場合、「種の多様性」がシステム危機を防ぐ最良の方法である。大学も同じだと私は思う。統廃合はこの多様性を失わせる危険がある。統廃合では大学の総数が減るだけではない。マンモス大学が競合の過程で、どんどん似てきてしまうことの方がむしろ問題なのである。

慶應が薬学部を作るなら、早稲田は医学部を作る、というふうにメニューを揃えてゆくと、遠からず、日本には全学部が揃《そろ》った巨大大学がずらりと横並びになる。関西では、関関同立といったマンモス私学がお互いの学部新設を横目で見ながらそれぞれに規模を拡大させている。結果的に、大学の相貌《そうぼう》がどんどん似てきて、しだいにスクールカラーそのものも識別困難になりつつある。これは教育システムにとってかなり危険なことのように私には思われるのである。

高等教育での喫緊の問題は学生たちの学力低下だが、学生たちをどうやってまたもう一度知的活動へ動機付けてゆくかという問題は大学の統廃合とは次元の違う問題である。むしろ、統廃合によって巨大な大学を作ることで、大学の中枢に効率や合理性に最大のプライオリティを与えるような人たちばかりが集まってしまうことの方が問題である。学生数数十万、教職員数一万を超えるような大学ができたら、もう教授会民主主義などの存立する余地はない。テクノクラートが中枢的に管理統制しないと大学は機能できなくなる。結果的に、教育現場に携わらない管理部門が肥大して、そこに情報も権限も集約されるようになる。でも、教育現場とレギュラーにコンタクトを持たない人間が大学の戦略を決定する部門を占有するというのは教育にとってはたいへん危険なことだ。

というのは、こういうテクノクラートたちは、教育に効率とか費用対効果ということを持ち込むからである。学生たちは学費を払う。教師はそれに対して適正な教育サービスを提供する。それが教育における等価交換だというふうに彼らは考える。当然、学生たちもそれに倣って、自分はこれだけ金を払い、時間を使って、これだけの努力をした、だからそれに対してそれだけの価値のある教育サービスを、知識なり技術なり資格なりというかたちで提供せよと言い出すだろう。そうやって、完全に消費者マインドの学生たちが教室を埋め尽くすことになる。

だが、こういう対価と商品の等価交換という発想で学校にやってくる人たちはもう「学ぶ」ということからは原理的に疎外されている。「学ぶ」というのは努力と成果の等価交換ではないからだ。自分が何のためにそれを学ぶのか、自分が学んでいることにはどんな意味があるのか、を学び始めるときには何もわからないというのが学びの構造である。

消費者の場合、自分がこれから買う商品については、すでにその意味も価値も熟知しているということが前提である。だから、消費者マインドで教育を受けるということは原理的にあり得ないことなのである。ビジネス・マインデッドなテクノクラートが大学の管理部門を占めるようになると、大学は間違いなく等価交換のルールが支配する場になる。

しかし、日本社会にとって真に深刻な問題は、そういう等価交換のスキームで高等教育を受ける学生たちには「イノベーション」を担う可能性がきわめて低いということである。

お金を払うから等価の教育サービスを与えよ、という考えの学生たちにはもう「オーバーアチーブ」ということの意味がわからないからである。自分の努力や能力に相応《ふさわ》しいポストや年収を得ることがルールに合致した正しい生き方であると信じている人たちは、さしあたりポストとも年収とも名声とも関係ないけれど、寝食を忘れて研究するという生き方がよく理解できない。かりに自分の中で寝食を忘れて研究したいという欲望がわき上がっても、それに意味があるとは思えない。なぜなら、それだと「損する」わけだから。だが、一国の研究レベルを上げてゆくためには、気が狂ったようにオーバーアチーブする人たちがどこかに固まっている必要がある。

この「気が狂ったようなオーバーアチーブメント」というのは、合理性とか効率とか費用対効果とかいうことはとりあえずわきに置いておいて、「とにかく君たちは好きにやってよろしい」という環境がなければ成立しない。もともと大学、特にアクティブな学校というのは社会的適応性がない人が集まってくるものであった。努力と成果の相関についての見通しが立つ場合にのみ研究する、そうでなければ研究しない、というような合理的な人間は、はなからイノベーティブな場には参加してこない。そういうふうな計算をしないで（できないで）、とにかく研究に没入してしまうタイプの人たちがたまたま何人か一カ所に集まったときに、ある種の触媒作用が起きて、爆発的なブレークスルーが起こる……、そういうものだと私は思う。

そういう予見不能の爆発が起こる環境は中枢的に整備するということはできない。計算が立たないから。

文部科学省はイノベーティブな研究について中期計画を出せ、数値目標を示せ、というようなことを言うけれども、ほんとうにイノベーティブな研究というのは、中期計画や数値目標というような枠組みには収まらない。そんなことは実は誰にだってわかっているはずである。

だから、私が求めているのは、高等教育機関や先端的な研究機関はできるだけ管理しないで、放置しておいて頂きたいということである。設備を整え、予算をつけて、あとは好き勝手にやってください……というように。それで何年か何の成果も出なくても文句を言わないというような太っ腹なシステムじゃないと、国がイノベーティブな仕事を組織的にサポートするということはできない。でも、そのようなでたらめなシステムを設計したり管理したりすることはお役人にとっては非常に困難なことであろう。

だが、中期計画を立て、数値目標を示して、目標通りの成果を出さなければ研究予算が打ち切られるということになると、研究者たちはまず目標を下方修正するようになる。確実に達成できる目標に引き下げて、プロジェクト自体を矮小化《わいしょう》することで生き延びようとする。現に、そういうことがいま日本の大学では理科系を中心に組織的に起きている。予算の不正流用とかデータの捏造《ねつぞう》とかは、エビデンス・ベーストで研究成果を示せという圧力が生み出した最悪の結果である。予定通りに研究が進んで、目に見える成果が上がっているということを外形的なデータで示さなければいけないという締め付けのせいで、研究者たちの中には人を騙《だま》してもプロジェクトを存続させることを優先させる人が出てきた。消費者マインドの学生とグローバリストの経営者が手を組んだら、日本の大学はもう終わりだと私は思う。

学術的なイノベーションが可能なシステムというのは、一定数のマッドサイエンティストが生き延びられるような、「隙間」や「暗がり」が確保されていなければならない。いままでの日本の大学は、管理が十分に行き届いていなかったせいで、社会的適応性のかなり低い人でも大学には生息できた。もちろん功罪共にあると思う。社会的適応性が低いばかりか、研究レベルも低いというぜんぜん使いものにならない研究者を抱え込んでしまうリスクはつねについて回る。それでも、それはイノベーションのための必要なコストとして引き受けるしかないだろうと私は思う。

私が文部科学省にご理解願いたいのは、これだけのことをやったら、それに対して等価の報酬が確保されるという合理的な取り組み方では知的なブレークスルーはもたらされないということである。等価交換レートをはるかに超えた驚異的なアチーブメントを勝手にしでかしてしまうような、破格のモチベーションを持つような人たちが集まることでしか学術的なレベルでアメリカと張り合うことはできない。そして、こういうタイプの研究者は中枢的にテクノクラートにコントロールされることが大嫌いなのである。

文部科学省にはある意味もっと狡猾《こうかつ》であって欲しいと思う。別に文部科学省に合理的で政治的に正しいふるまいなんか私たちは求めていない。要は、日本全体の知的アクティビティが向上するという結果が出れば、大学人で文句を言う人間はいない。そのために行政は使える限りの手を使うべきだと思う。いくら合理的で政治的に正しい教育研究システムを設計しても、現実にアウトプットが出なければ何の意味もないということをわかって欲しい。

しかし、実際には文部科学省はアクティブな研究者を組織的に潰《つぶ》しているようにさえ見える。独立行政法人化の動きが始まってから十数年、この間、国立大学の教師たちには膨大な量のペーパーワークが課せられた。学部改組やＦＤや自己評価活動などの面倒な書類仕事を押しつけられたのはだいたい三十代四十代の若手教員たちだった。彼らの幾人かは人生のもっとも生産的な時期の十年間を文部科学省に提出する書類を書くために費やしてしまった。事務能力が高くて、てきぱきと仕事を片付けられるパフォーマンスの高い若手教員たちに選択的にそういう仕事が押し付けられたせいで、学者として一番脂がのるはずの時期に研究教育に打ち込むことができなかったのである。教養改組や法人化の過程で会議と書類書きでバーンアウトした優秀な研究者は日本全国で数百に及ぶであろう。この「失われた研究教育上の業績」をもし文部科学省はゼロ査定しているとしたら、それは重大な問題だと私は思う。

大学は生き物

文句を言い出したら、止まらなくなってしまって、私の長広舌はさらに続く。

評価活動は文部科学省の主導で進められてきたけれど、ほとんどの大学では、評価に要するコストが、評価がもたらすベネフィットを超えているように私には思える。私自身、四年間大学の自己評価委員長をやったので骨身にしみているけれど、やっていてだんだん虚無的になってくる。エビデンス・ベーストで教育効果を示せと大学基準協会も文部科学省も大学に要求しているけれども、それはどう考えたって無理である。教育のアウトプットを客観的に測定することなんて原理的に不可能である。死ぬ間際になって、「私の人生が幸福だったのは、いまにして思えばすべては大学で受けた教育のおかげだった……」と回想する卒業生がいたとしても、そんな成果を統計的に示すことなんかできるはずがない。

私はいま教務部長なので、みんなに「シラバスを詳しく書け」とか「きちんと教育活動を報告しろ」とかうるさく言わないといけない立場なのであるが、やっていて虚《むな》しくなることがある。シラバスについて言えば、授業評価アンケートの統計処理でわかったことの一つは「授業がシラバス通りに行われているか?」という質問に対する回答が授業に対する満足度ともっとも相関度が低かったということである。教師が計画通りに授業をするかどうかが教育効果とあまり関係がないだろうということくらい予想がつきそうなものだが、シラバスで事細かに授業計画を書くように文部科学省は大学に求めてきた。いったい何のために……。

と、ここまで続いた怒濤《どとう》のような私の文部科学省批判を制して、ようやく杉野課長が口を開いて文部科学省の立場を説明してくれた。

杉野課長は「平成三年の大綱化のときの答申を書いたし、法人化も四年間加わっていたし、そういう意味ではA級戦犯です」と率直に認めた上で、私にとってはいささか意外な言葉を洩《も》らした。

「僕ら文部官僚の発想というのは、信じてもらえないかも知れないけど、少々僕らが何か言ったところで、大学は生き物なんだから、きっとマッドサイエンティストも含めてうまく生き延びられるだろうということがあるんです。少々やったって、どうって思ってないよ、というのがありますよね」

これは聞いてびっくり、というか聞いて納得。たしかにそうである。文部科学省の指導とはいえ、罰則規定があるわけではないし、大学はおっしゃる通り「生き物」であるから、そんなことをしたらそれこそ大学の命にかかわるというようなことであれば、たとえ文部科学省の指導であっても、おいそれとは従うまい。そこを見込んで、先方も少しフライング気味に仕掛けてきたということのようである。

フライングの理由の一つは、文部科学省に対する産業界からの有形無形の圧力というものがある。これについて杉野課長は「法人化のときも、国立大学なんか民営化してしまえ、みたいな議論があったりして、いまだにそうだと言っている産業界の人もいるんだけど、僕らからするとそれはナンセンスだと思っています」ときっぱり語る。しかし、「そういった国立大学に対する世間の理解、あるいは批判といったものをどうやって払拭《ふっしょく》するのか、かわすのか。なおかつ、学内の運営にあたって、もう少し執行部サイドが学内の統治に力を出せるような仕組みにできないか」という戦略的な判断の上に、設置基準の大綱化・自己点検・自己評価というふうに流れが出てきたというのが杉野課長のご説明であった。

なるほど。

でも、大綱化・自己点検・自己評価のあとにCOEが募集され、GPも最初は予算はつかないと言ったのに、いつの間にかちゃんと予算をつけるようになったし、外部機関による認証評価も義務化された（COEは、日本の大学を世界最高水準の研究拠点へ育てるために研究資金を重点配分する制度で「Center of Excellence」の略。GPとは、特色ある優れた教育プログラムを選定する制度で「Good Practice」の略。いずれも文科省が担当する）。ずるずると小刻みに攻めてきている。文部科学省もやることがわりと狡猾である（文部科学省はもっと狡猾であるべきだと言ったのは私自身であるけれど）。

杉野課長は「大学は生き物だ」ということを繰り返し言って、この流れを説明する。

「大学は変わっているというのを立証して、何とかいまある大学の、生き物としての大学がこれからも生きていけるということを願って、そういう仕掛けを入れるようにやってきたんですよね。評価にしたってやり方を間違えちゃうと、大学っていう生き物は死んじゃうわけですよね。それを賢くやらなければいけない」

生き物である以上、一律に規制すべきものではない。だから、示された公的規制をそれぞれの大学が生き物としてプラスになる解釈をすればよい、ということなのだろう。

たしかにおっしゃる通りである。ただし、文部科学省としては決して「この通達の真意は行間にあるから、そこを読んで察してください」というようなことは言ってはくれない。「察する」のはあくまで大学側の自己責任である。「行間をこういうふうに察しました」と申し出て、「そんなことを指示した覚えはない」と文部科学省にそっぽを向かれても、大学としては文句を言える筋ではない。このあたりが悩ましい。

だから評価にしても、「評価の中身そのものじゃなくて、評価制度があるということに意義があるのであって……」ということに気づくのに私は四年かかった。「はじめからそう言ってくださいよ」という私の泣訴に対して、杉野課長のお答えは「僕は言っていたんだけどなあ。でも公式には言えなかった」。

そりゃそうでしょう。私はうちの学校に教員活動評価を持ち込んだ張本人である。そのときに教授会のメンバーたちにまことに手きびしく批判された。研究活動を数値的に評価するとはどういうことかって。仕方なく「評価制度を作りましたと文部科学省に言えるということに意味があるんですよ」という説明を採用したのである。

私の説明は結果的には正しかったようである。けれども、こういう制度の立ち上げ時点での「本音のところの話」というのは、そのときは当事者同士の「めくばせ」で何となく「察する」こともできるのであるが、担当者が変わったりすると、もう継承されない。「ルールが一人歩きする」ということが起こる。それについても杉野課長は率直であった。

「何か制度を変えて、そのときは表も裏もある話でやっている話なんですよね。でも、システムが一度出来上がると、そのシステムが命を持って動き始めてくる」

でも、大学評価の場合、評価者はほとんどが大学人である。

だから、「大学人のコミュニティの中で、評価っていうのはこういうものだよなっていう認識を作ってもらわないと、むずかしいと思うんです。作ってしまった自分の責任を放棄するわけではないけれども、実際動かしているのは大学人なので、大学の先生方には少しよく考えて頂いて、この評価っていうものをどの程度やればいいのか、誰に向かって何をしゃべればいいのか、よく考えてもらいたいな、という気持ちをいつも持って眺めているんです」。

なるほど。大学人は文部科学省が何かを通告してくるたびに「文部科学省はこの指示を通じて何を言おうとしているのか、何を実現しようとしているのか？」という行間を自己責任において読まなければならない。大学にとってはまことにストレスフルなルールのゲームではあるけれども、それはある意味この世の中の仕組みがすべてそうなっているのだからと受け容《い》れる他ないだろう。現に、「あなたはそう言うことによって何を言いたいのか？」というのは私たちが日常的なコミュニケーションを行っているときに不断に立てている問いのかたちだからである。

実学志向という虚妄

日本の大学の実学志向についても、杉野課長は意外な言葉を口にした。

「日本の教育風土の中にはいくつかのＤＮＡがあると思っています。その一つは実学をすごく大事にするところ。それが日本の産業を支えてきたし、きわめて実践的な活動をする日本人を育てた。これはたしかに日本の強みになっているんだろうと思うんですけど、それを大学システムに当てはめてみると、油断すると、大学がひたすら実学だけの府になってしまう傾向がある。ヨーロッパではこんなことはあり得ない。そういうＤＮＡを日本人って持ってるんじゃないのかと思います」

私もまたいまの日本の大学の「実学化」と「教養離れ」を非常に危険な徴候だと考えている（そのことは本文に繰り返し書いた）。しかし、それを市場と文部科学省の要請だと思っている大学人は多い（というかほとんどの大学人は文部科学省こそが実学化推進の張本人だと信じている）。

どうもそうではないらしい。

杉野課長はこう続ける。

「日本の教育風土には、あるいは日本人の意識として、実践的な発想の重視、空理空論を廃して実践的に物事を考えるという実学志向が強い。だから、それが大学の世界に簡単に持ち込まれ、なおかつそれを誰も批判しない、それでこそいいんだと。プロフェッショナルな養成、それでいいんだというような傾向に走りやすいところがあった。だから、何らかの抑止力というか、世界標準的なリベラルアーツ中心の幅広い深い教養重視という、大学のコンセプトを維持するための何らかの抑止力というか、歯止めというのか、そういった仕掛けが日本の大学システムにはほんとうは必要なんじゃないかと思います」

驚いたことに、これまた私がつねづね申し上げていることと変わらない。ただし、私が刻下の「実学志向」に向ける不安はもう少し理由があるので、それについて少し言葉をさしはさむことになった。

杉野課長が言われる通り、日本人に実学志向のDNAがあるというのは間違いない。ただ、江戸時代の私塾とか藩校とか寺子屋における「実学」と、私たちがいま「実学」と呼んでいるものは、言葉は同じだけれども、意味内容がかなり違うと思う。かつて「実学」という言葉にこめられたのは、学んだことの有効性は現実の生活の場面で検証されなければならないということであった。現実の検証に耐えることができない学問は虚《うつ》ろであるという考え方に私だって異議はさしはさまない。けれども、いまの人たちが「実学」と言うときの「現実の検証」はすべて「金になるかどうか」である。「それを勉強すると、お金になるの？」という問いが「実学」か否かを決定するほとんど唯一の基準になってしまっている。その学問を修めたことによって結婚生活がうまくいったとか、友だちが増えたとか、よく寝られるようになったとか、何でも美味《おい》しく食べられるようになった……というようなことは、もう実践的成果にはカウントされない。そうではなくて、大学で得た資格や技能で、どれだけ早く確実に教育投資が回収できるかどうか、それだけが「実学」と「非実学」を分岐している。

子どもを私学に行かせたら、学費に五百万円かかった。その五百万円を「教育投資」と呼べば、当然ながら、問題はあと何年でそれが回収できるのか、ということになる。だとすれば、投下資本を回収して利益を出すまでのタイムラグが短く、回収可能性が高いものが「実学」であり、金に換算できなければ、どのような人間的能力が開花しても、それは「実学」的には「効果ゼロ」と査定される。

文学や哲学や宗教学を勉強した人間はまったく無益な知識を得るために無駄な時間を過ごした暇人というふうに見なされる。そして、適性とは無関係に、誰も彼もが医学部や歯学部や法学部に行きたがる。弁護士や医者は教育投資の回収が迅速かつ確実であると親たちも子どもたち自身も投資家マインドで考えるからそういうことになってしまう。私が教えている文学や哲学や武道の場合、学生に「どうやって教育投資を回収できるんですか?」って訊《き》かれても返答に窮する。人間として幸福で深みのある人生を生きるための基礎的な知識と技術だと言ってみても、そのような能力は総合的すぎて数量的に測定できないから教育投資の回収率計算にはなじまない。しかし、そのようにして数値化できない人間的能力をアウトプットとする学問領域を片っ端から「効果ゼロ」と査定して大学教育から放逐した場合、あとに何が残るのであろう。

杉野課長もまた「実学が万能とは限りません」と言う。「うちでスタッフを雇うときにも、一番面白いタイプって文学部なんです。学部でうろうろして二年遅れるともう民間には行けない。だから公務員になりましたっていうのが結構いる。そういう人は一緒に仕事すると面白いんです。そういう一味違う価値観を持った人が組織の中にはいないと困る。だから、文学部で学んだことにはたしかに効用があったということなんですけど、それは一般には評価されない。文学部って特に国立の世界では非常に虐げられていますね。私学でも純粋な文学部には学生が集まらない」

おっしゃる通りである。みんなそう思って、文学部の看板を下げてしまったのである。文学部の看板を下ろして、国際とか文化とか情報とか総合とか人間とか、いろいろなはやり言葉を付けて衣替えしたのである。だが、それが一体何をもたらしたのか。私は懐疑的である。神戸女学院大学はいまだに文学部の看板を死守している数少ない大学の一つであるが、どうやらそれでよかったらしい。というのも杉野課長はこうおっしゃっていたからである。

「昔ながらのフランス文学とか哲学とかよくわからないことをやっている、そういう文学部が日本には育ってないですね。これまでの日本の百三十年の大学政策は殖産興業と国づくりでよかったかも知れないけど、実は次の百年間というのはそうじゃない。全然違うところの、人文系、これをどうやって日本の大学のシステムに取り入れていくのか、それが問われている」

この言葉を聞いただけでも私は「今日来てよかった」と思った。

大学＝床の間説

なぜ、人文系の強化が必要なのか。杉野課長はこう説明する。

「日本の大学の文学部はヨーロッパとは違います。日本の文学部は、文学あり哲学あり歴史あり芸術あり心理学もあり、というようにそれぞれの専門に先生が一人か二人しかいないのをまとめて学部にしている。これは日本の人文科学の貧困さを示していると思うんです。これでは日本の大学のみならず、日本社会全体のものの考え方、発想の仕方が懐の深いものにならない。僕だけが言っているのじゃなくて、自然科学系の研究者たちがよく言うことです。わが日本の大学は、少なくとも自然科学系はウィンブルドンのベスト4に入っている。ひょっとすると、センターコートに立っているかも知れない。でも、いまのところは、センターコートに立つたびに決勝でアメリカに負けている。日本がアメリカと肩を並べる研究業績をあげていくために何が足りないかというと、人文科学が足りないと言う。僕も直感的にそうだろうと思うんです。だから、何とか人文科学を伸ばしていきたい。けれども、それは人文科学だけをサポートするということではなくて、そういう枠組みを超えて、人文科学と自然科学が交流する場をもっと作ってゆくということだと思うんです。そうじゃないと効果は半減してしまう。そういう意味で、大学の再編というのは一つの手だと思ったのです」

というふうに杉野課長は人文科学を再評価する。ただし自然科学とのコラボレーションという条件付きで。

コラボレーションのためのプラットホームが必要という杉野課長の意見には私もまったく同意見である。

理科系の人に聞くと、若い研究者に他分野とコラボレートする力が衰えていると言う。

自分の専門領域に関しては詳しいのだけれども、自分の専門的知見がどのような他領域とネットワークできるのかということについて想像力が働かない。専門以外の人に自分の専門のことを説明できない。専門家同士で専門用語を使って話すことはできるけれど、それをほぐして非専門家にもわかるように説明する能力がきわめて低い。だから、結果的に専門分野については非常に深い知識を持っているけれど、それを他領域とリンクさせることができない。

申し訳ないけれど、この原因の一つは大綱化だと私は思っている。大綱化で、理系ではいきなり大学一年生から専門の学科、専攻に放り込まれるようになった。学部で四年間みっちりやるから、もちろん専門分野には詳しくなるけれども、マイナスの効果として、そもそも自分は何をやっているのかということを、専門以外の人に説明できなくなる。知的なネットワークの中のどの位置に自分は立っているのかということがうまく把握できない。自分の立ち位置を「マップ」できない。そういう学生が構造的に生み出されるようになった。コラボレーションというのは、自分の専門領域から抜け出して、一歩離れて日本の知的状況を一望俯瞰《ふかん》するような広がりのある視座に立たないとできないからである。

杉野課長は私の言葉に深く頷《うなず》いた。

「絶対それ賛成ですね。大学政策論としては、それはやっぱり学部でやるしかないです。

一般教養、学部教育を再編成して。結果的にアメリカのシステムに近づいてしまうんだけれども、ここまできた以上できることは、学部教育をもう一回一般的な教養教育のプラットホームとして作り直して、その上で医者になりたい人はそこから上の専門職大学院に入って医者になる勉強をする。法律家になりたい人はロースクールに行く。そういう大学教育が僕らがここ二十年間ずっと願っていることです。

日本の大学システムというのは機能的には非常に未分化だと僕は思っています。学部と大学院の機能を分化する。大学院も教員養成なのか専門職養成なのかを機能分化する必要がある。

となると、学部教育は教養教育中心ということになります。でも、実際には多くの大学にはそれができない。大学院に学生が来る保証がないわけですから、まずは学部にどうやって学生を集めるかということしか考えられない。そうすると、教養教育なんていうのは売り物にならない。そんなものではおっしゃるように教育投資が回収できないと思うから、学部教育はどんどん専門学校化してゆく。この点は、文科省としても志と違ってしまったわけです。そこに十八歳人口の減少という別の社会的要因があって、私学が余裕を持って経営できない状況に追い込まれてしまった。私学はまず学生を確保しないといけない。そうすると顧客第一主義、顧客満足度第一主義でいかないと、と考える。その結果、リハビリテーション学科や薬学部があちこちでできたりする。ほんとうはそうじゃないだろうとは思うんですけれど、タイミングがいまいち悪いかなという感じは率直にするんです。だから、『機能分化』っていうのが精一杯なんですよ。文科省が大学を種別化したということになると、言った瞬間に潰《つぶ》されるに決まっているから。機能の分化はあり得ます、でもどの機能に分化するかを選ぶのは大学ですよ、という言い方にならざるを得ないんです」

文部科学省が大学を七つの機能に分化するという案を示したとき、神戸女学院大学は「教養教育重視大学」に特化しようということに即決した。この教養教育に「即決」というのはかなり例外的なことらしい。杉野課長によれば「それが言い切れる大学って、数限られると思うんですよ。いまは、実学重視で美容師やペットのトリマー養成まであるんですから」。

知らなかった。そんな大学まであるのだ。

「あるんです。昔なら文部科学省が認可しないでしょうけれど、こんなご時世ですから、規制緩和で外形表示の基準があっていれば認可しなければいけない。それを認証評価で作ったあとで評価をして何とかレベルアップさせる。そうは言っても、限界ありますよね」

たしかにそうだろう。だが、そんな大学をどんどん設立して、マーケットに選択されなければ死滅するというような手荒な「適者生存」ルールに大学教育を嚙《か》ませてよろしいのであろうか。実際には、高校の先生を対象にしたアンケートでは「大学が多すぎるから淘《とう》汰《た》されるのは当然だ」と答えた人が八〇%を超えた。

メディアで発言する人たちも、大学を企業と同一視して、マーケットに選択されなければ、大学は粛々と退場しなければいけないと簡単に言い切ってしまっている。だが、一般の企業と大学は成立の歴史的経緯も違うし、担っている社会的機能も違う。それを企業と同じルールで律するところに無理がある。

大学を赤字だからといって一度つぶしてしまったら、それと同じ社会的機能を代替するものを作るのにどれくらいコストがかかるか。誰も試算していない。みんな気楽に「大学なんかなくなっても困らない」と言うけれど、それは違うだろうと思う。大学は研究機関であり、教育機関であり、図書館であり、情報施設であり、スポーツ施設であり、緑地でもある。それが消滅することで地域社会の人がどれほどの損失をこうむることになるのか、そういうことは誰も計算していない。

杉野課長もこの私の憤激にはいたく同感のようであった。

「緑地は重要な機能ですよ。もし、大学がなくなったら、その跡地には高層マンションが建ちますから、緑地は消えますすよ」

そうでしょ。「不採算の企業がつぶれるのと大学がなくなるのではダメージの規模が違うということをどうして誰もアナウンスしないんでしょう。僕はだから不採算の大学に公費を注ぎ込めなんてことを言っているわけじゃないんです。十八歳人口が減っているんだから、大学の定員総数は減らすしかない。でも、それは大学数を減らすこととは違うでしょう。せっかく七百も大学があるんだから、その財産は大切にしましょうよ。すべての大学が定員を少しずつ減らしていけば、すべての大学がダウンサイジングすることで生き残れるんですから。こちらの方が日本社会全体にとって、どれほど大きな利益をもたらすかわからない」

という私の持論に対して、杉野課長は「そういうことをおっしゃる先生って珍しいですね。ほんと大事だと思いますよ」とエールを送ってくれた。文部科学省のモラルサポートを頂いた以上、私はさらに言わせて頂く。

大学がなくなることの損失をもっと真剣に考えた方がいいと思う。特に地方の大学の場合、地域社会は大学と物心両面で深いかかわりがある。そういうところの地域住民たちはグローバリストの煽《あお》りに乗って「市場が淘汰するのは当然だろう」などと言うよりは、「いや、市場原理はわきへ置いといて、ちょっとこの学校は残してくれ、サイズを縮めてもいいからここに残してくれ」という地域社会の要望を出すのが道理ではないのだろうか。けれども、そのような運動が起きる気配はない。

大学は地域社会の重要な構成要素であり、簡単になくすべきではないという私の主張には杉野課長も同意を示してくれた。

「大学って入っている学生のためのものだって思われてしまうんですけど、全国を出張して回ると、大学のある街と大学のない街ってすぐにわかるんです。何ともいえない趣のある街と商売だけの街は違う。商店街に行っても、何でこんな店が残っているんだというような店がある。古本屋とか切れ味にこだわりの包丁屋とか。金ぴかな郊外のショッピングセンターとは全く違う趣が大学のある街には感じられます。

最近よく大学は『床の間』だって言っているんです。床の間って、正直言って何にも役に立たないですよね。軸を掛けられて花も生けられるけど、それだけの役にしか立たない。でも、床の間があるだけで、その部屋に品格が漂うじゃないですか。大学って床の間だと思いませんか。

まず第一にあまり役に立たない。学生は役に立っていると思ってるかも知れないけど、周りから見ると役立たないと。でも、大学があって学生を含めて大学人がその街に存在しているというだけで、街の品格が変わってくる。そういうことが実は大学の大きな効用なのではないか。たまに共感してくださる人もいますけれど、あまりみんな感心しては聞いてくれないですね。

でも、正直言うと、床の間にさえならないような格の大学も増えてきている。これは困ったもんだと思います。『さすがに大学の先生ってちょっと変わっていますね』と言われるくらいの大学人が集うような大学であってほしい」

ダウンサイジング

話題はここで学力低下に移る。大学生の学力低下について、杉野課長は大学人がそれを嘆くのはおかしいのではないかと言う。

「大学の先生方が学力低下を嘆いて、それは学習指導要領とかゆとり教育のせいだと言うけれど、僕はそれは違うと思う。親しい友人とかの子供たちがいま大学生とか高校生なんですけれど、僕が見ていて、そんな勉強じゃあ大学なんて行けやしないというような態度で高校生活を送っている。でも、結果を見ると、大学に楽々と入っていくんです。そして、人生の目標の半ばを達成したかのような顔している。というのは、彼らの当面の目標はまず父親の学歴を凌駕《りょうが》することですが、父親の行った大学よりいい大学に行くことは、いまでは簡単にできる状態になってしまっている。とりあえずは父親を目指すけれど、父親を軽々と超えて、有名ブランドの大学に入ってしまう。間違いなく父親よりは勉強していないけれど、入れてしまう。それはなぜかというと、子どもの数が半分になっているのに、大学の入学定員はいまだ増え続けているからですね。これが最大の原因だと思います。でも、誰もそんなことは話題にしない。国会でも議論にならない。学力低下の原因は学習指導要領だという話になる。

自分の経験から言っても、受験勉強というのは高校の授業でするものじゃなくて、学校から帰ってからが勝負でしょう。それなのに、大学の先生たちも含めて、学力低下しているのは、学習指導要領で授業が減ったおかげだとか、教科書が薄くなったとか言う。これは一種の責任転嫁です」

学力低下の主たる原因が学習指導要領やゆとり教育にはないことについては私も同感である。生徒たちは同学齢集団で競争する。だから、同学齢集団全体の学力が下がっても偏差値とは関係がない。本人からしてみれば同学齢集団の学力がどんどん下がれば下がるほど、少ない勉強でいい学校に行けるわけだから、その点では全員共犯なのである。同学齢集団全体の学力が下がってゆけば、わずかな努力だけで難関校に合格できる。だから、費用対効果を考えたら、同世代の学力を下げるのが受験的には効率的なのである。自分のモチベーションを高めるより、他人のモチベーションを下げることの方が簡単である。おそらく親たちも同じことを考えている。結果的に有名校に入れるんだったら、勉強しなくて受かる方がクレバーな生き方だと思っている。

これは教師の立場からも痛感する。十数年前といまを比べると、授業の準備に要する時間が全く違う。授業準備がほとんど要らない。学生がむずかしい質問をしてきて、教壇で右往左往する可能性がもうないのである。以前はゼミの発表テーマが示されると、事前に相当下調べをして、学生に何を質問されても答えられるようにしておいた。だが、いまは学生たちとの知識量の差があまりに圧倒的なので、学生に知的威信を脅かされるというストレスはなくなった。だから、「学生の学力が下がった」と文句を言っているけれど、自分の知的優位を脅かすような学生がいなくなったことから精神的な安定を得ている教師は少なからずいるはずである（少なくとも私はそのことを認める）。

日本人の相当部分は、若い日本人の知的水準が低下していることから何らかの利益を得ている。でも、そのことは意識化されていない。日本全体が知的に地盤沈下しているのは、行政もメディアも含めて日本人全体の共同責任だと私は考えている。

杉野課長は私のこの議論に困惑の色を隠さなかった。

「こういう結末になるとは、さすがに想像できなかったですね。昭和五十年代は私学助成を制度化して、私立大学に補助金を出しますが、原則もう定員増は認めませんという政策を十年間やりました。その後、規制はよくない、規制緩和だということで、申請したら大学の設置を原則認めるという流れになった。大学は増えるが、私学助成は増えない。だから、一校当たりの私学助成額はどんどん減ってゆきますね。私学としてはその分授業料収入を増やさざるを得ない。こちらとしては高等教育人口が増えるということは国力の源泉ですねという理屈を言うしかない」

おっしゃる通りである。高等教育人口が増えても、高等教育そのものの水準が低下しているのでは、何の意味もない。そこで私は持論のダウンサイジング論を持ち出した。

一九九二年に十八歳人口がピークを打ったときにどこの大学も臨時定員増を行った。しかし、学生数は一度増やすとなかなか減らせないものである。しかし、十八歳人口が激減している以上、いまの教育水準を維持しようと思うなら、大学も入学者数を十八歳人口と比例して減らしていかないといけない。それは論理的には自明だと思う。しかし、大学人でダウンサイジング路線に対する支持者はきわめて少ない。

この私のダウンサイジング論に対して、杉野課長は「素晴らしい!」とソファーから腰を浮かせて賛同の意を表してくださった。

二〇〇六年度に定員割れを起こした学部学科を持つ大学は四〇%。前年が三〇%だから、たった一年間で一〇ポイント上がったことになる。〇七年度にはこの数字はもっと上がるだろう。つまり、日本中の大学が一斉に「弱肉強食」路線に踏み込んだということである。

大学の存立そのものが「弱肉強食」原理に依拠しているというのは教育の本義からして間違っていると私は思う。大学人がもしそれを是としたら、私たちは学生に向かって「世の中、強いやつが勝って、弱いやつは食い物にされるしかないのだ」ということを身を以《もっ》て教えていることになる。私はそれは避けるべきだろうと思う。

杉野課長によると、それにもかかわらず大学の入学定員は増え続け、また〇七年度入試から大学が十一校増えるのだそうである。いったい、どうして？

杉野課長はこう説明する。

「つまり、大学の経営者っていうのは全体の状況が厳しいということはわかっているのだけれど、厳しいからどうするかというと、『拡張だ！』になる。十八歳人口は減っていて、みんな苦しくなっているというときに、『わが社は拡張だ！』という路線にみんなが向かっている」

まことにその通りである。拡張路線を取っている大学のみなさんには申し訳ないけれど、みなさんは「一人が浮けば、一人が沈む」というゼロサム的な発想に囚《とら》われすぎてはいないだろうか。なぜ、この状況から全員が利益を引き出す方法はないのか、という問いを誰も立てようとしないのか。

杉野課長によると、医学部の入学定員については「定員を減らす」という閣議決定までやってもまだ減員を達成できていないそうである。それは入学定員を削るということに対する心理的な抵抗が大学人にあるからである。国立大学の医学部でさえ定員削減が困難であったくらいだから、私学で定員を減らすためには発想の転換が必要である。全大学が定員削減で足並みを揃えることができれば、大学淘汰《とうた》のもたらす否定的影響はかなり緩和されるはずである。文部科学省が大学淘汰を是とするということは、それは「人生は弱肉強食のラットレースである」ということを行政が公的に認知したということになる。もし文部科学省が日本人のモラルや行動規範についてもガイドラインを示す立場にあるというのがほんとうなら、同胞は限りある資源を分かち合わねばならないという人倫の道を文部科学省が行政指導してもよろしいのではないか。

という私の提案に杉野課長は「やるとすれば文科省しかないでしょうね」と応じてくれた。

「道徳を管轄している役所ですから。仰せの通りなんです。でも、むずかしいですね。そういうふうに思うことはあるんですよ。でも、まず私学のトップ校にそういうことの先頭に立って欲しいと思うと、そうしたトップ校が学部の増設や他大学合併、さらには附属小学校の開設といった改革路線に走っている。頼母子講《たのもしこう》的な考え方で、みんなで寒い冬をしのいでいこうじゃないか、という知恵が働かない。ロースクールにしたって、いきなり七十校作るなんて無理だ、自主規制した方がいいということは誰にだってわかっていたはずだけれど、誰も言わない。けれども、『規制は悪だ』と一蹴《いっしゅう》される。規制というのは、本来弱者を救うための措置だったわけです。でも、いまは『規制』って言った瞬間、すべて悪みたいな話になっていて、それについては、なかなか理解を得られない。

私立高校の世界では、多くの県で新規参入が認められない時代がずっと続いていました。競争原理が働かないから、県によっては、私立高校は変革の努力を怠って、だんだんと老朽化してくる。そこへいきなり、株式会社立というような新しいタイプの高校が参入してくる。護送船団方式で固いカルテルを結んで、新規参入を妨害しているうちに、新陳代謝が不足して、システムそのものが不全になって、結果的に弱肉強食の原理を呼び込んでしまった。規制で身を守ろうとして、逆にシステムが崩壊しかかっているのです」

たしかにおっしゃる通りである。法的規制によって保護すれば、学校は自助努力を忘れて停滞し、法的規制をはずして競争原理でゆけば、学校そのものが「弱肉強食」原理を子どもたちに植え付けるイデオロギー装置になってしまう。大学のいるべき位置をひとことで指し示すのはむずかしい。しかし、高等教育機関はいったん設立された以上は、学生に対して、卒業生に対して、地域社会に対して生き延びる義務を負っている。杉野課長はそう主張する。

「大学は生まれた以上、生き続けるんだと。百年も二百年も続けるんだという覚悟は、大学を運営する側にも必要だけど、社会もその覚悟を持って、大学が生き延びるシステムはどうあるべきかと考えていかないといけないんじゃないでしょうか」

文部科学省の私学行政の直接の責任者である杉野課長から、教養教育の必要性と市場原理＝競争原理への批判の言葉を聞くことができたのは、私としてはたいへんに心強いことであった。

第11章　大学教育の未来

二〇一〇年八月　文部科学省国立大学法人支援課長・杉野剛さんとの再会記

内田　ごぶさたしております。前回、杉野さんにお会いしたのが、二〇〇六年十一月ですから、四年ぶりになります。

杉野　あのあと、厚生労働省に出向して、二〇一〇年七月に文部科学省に戻ってきました。

内田　久しぶりに文科省の立場で大学をご覧になってどう思われましたか。

杉野　一つには、昨今の雇用情勢を反映して就職指導、キャリア教育が大学でこれほど大きなテーマになるとは想像していませんでした。キャリア教育とは何か大学関係者の間でも様々な議論があるようですが、大学がキャリア教育に必死になっているのは間違いないようですし、同時に就職活動の時期がよけい早まったように見受けられます。大学の授業にも支障が出ているのではありませんか。

内田　いまの就職活動は完全に大学教育を蚕食《さんしょく》しています。早い人は二年生の後期から動き始めますから。就活のために使っている時間はまだそれほど長くないにしても、精神的に追い立てられ、就職のことしか目に入らなくなる。三年生になるとさらに不安が亢進《こうしん》して、四年の初夏くらいでまだ内定が出てないと、ほとんど不安神経症状態になる。勉強なんかまるで手につきません。

杉野　就職活動そのものも大変ですしね。

内田　企業は学生を集められるだけ集めて、どんどん落としていくというたいへん手荒な雇用戦略を採っている。学生たちは圧迫面接を何回も受けたあげくに、理由も告げられずに落とされる。そんな経験を繰り返していくうちに、日本の大学生たちがどれぐらい精神的に壊されているか、想像を絶していますよ。十年、二十年残るトラウマ的な経験をこの時期に集団的にしている。

杉野　そうでしょうね。

内田　当今の企業の雇用戦略はひどいものです。一人採りたいのに、応募者が百人来たから、九十九人落とす。企業の方にしてみたら、簡単な算術でしょうけれど、落とすにしても落とし方があるだろうっていう気がするんです。落とされた若者たちの心の傷について、採用側はまったく責任を感じていない。若者たちの社会性を高めること、彼らを知性的にも情緒的にも安定した成熟した市民に育て上げることは、全社会的な責任だと僕は思うんですけれど、企業の人事採用担当者たちはむしろ組織的に若者たちを壊して回っている。そのことに快感を覚えているのではないかと思うほどです。

杉野　どうして人事採用担当者はそういうことになると急に鈍感なのかなって、僕も不思議に思います。経済界の方と懇談すると、いつも、「そもそも大学っていうのはね」とか「大学教育はとにかく役に立たないんだよ」という話になります。なぜか大学論になると企業の関係者って上から目線なのです。でも、就職問題に限れば明らかに自分たちが大学教育の邪魔をしているという自覚がない。

内田　自覚していない。

杉野　大学生活は四年間与えられているけれども、内田先生の話だと、実際には一年半しかない。もっと言えば入って最初の半年ぐらいはみんな浮かれているから、実質的に一年ぐらいでしょうか。

内田　いまや、入学したばかりの四月で、もっと気の早い子たちは高校生のときにオープンキャンパスで「大学について聞きたいことは何ですか」と聞くと「就職はどうなっていますか」と訊《たず》ねてくる。まだ大学にさえ入ってないのに、もう出るときのことを心配している。

杉野　入口を見つける前に出口の心配をしているんですね。

内田　そうなんです。特に親が。もう目が血走っている親がいますね。いまの大学選びの基準っていうのは、就職がいいかどうかなんです。大学で何を学ぶかなんてことは、どうだっていいんですよ。財界の雇用戦略が手荒になったことに対応して、親たちの教育戦略も同じようにずさんになっている。

大学教育の目的

杉野　まあ、就職問題の深刻さを考えると、親や本人を責める気にはなれないですけど。ただ、大学全体が就職にずいぶん引っ張られています。本来、カリキュラムのなかで就職とは関係のない教養や専門のコースにまでキャリア関連の科目を作っています。「働くとは何か」みたいな。文科省の政策文書にも出てきますから、あまり大きなことは言えませんが、大学によってはちょっとやりすぎの感もあり、このままだと多くの大学でキャリア教育一辺倒になってしまう恐れがあります。

内田　就職指導、キャリア教育の重視というのは、大学にすればかなり危険な方向に舵《かじ》を切ったと思います。うちの大学でも、「キャリアを考える」とか、「キャリア意識を高める」といった科目が新設されましたからね。

杉野　どんな教育をしているのですか。

内田　ある先生が「一番効くのはこれです」と言っていたのは、生涯賃金表です。大学卒業してずっと勤めていくら貰《もら》えるとか、結婚して一回育児で休んでまた復職した場合の生涯賃金はいくらになるか、とか。「結局最後はこれで焚《た》きつけるしかないんです」という結論を同僚が説明してくれたことがある。学生たちを働くことへ差し向ける最終的なモチベーションが金だ、ということに僕は納得できないんです。大学教育の最終目的が銭の話に落ちるんだったら、もうそれは教育機関の責務を放棄したことになるんじゃないですか。

杉野　ここでいう大学の責務とはなんでしょう。

内田　僕は大学というところは、社会の支配的な価値観と乖離《かいり》していていいと思うんです。「象牙《ぞうげ》の塔」という、俗世間とは違う空間があって、そこは外とは違う時間が流れており、違う度量衡が機能している。そういう非‐社会的な空間、外の社会との温度差がある場所が若い人たちを健全に育ててゆくためには絶対に必要だと僕は思います。社会の価値観としっかり一線を画すということに大学の責務がある。ところが、キャリア教育を行うことで、外の社会と大学とが体温がまったく同じになってしまった。キャンパスの内と外で価値観がイコールになっている。それは、いま教員採用の傾向にも表れています。実務経験のあるビジネスマンを連れてきて大学の教師にしろということを教育行政はずいぶんうるさく言い出しましたね。大学教師は世間離れしているから使い物にならないという言い方がされる。僕はむしろこの世間との距離感が大学の手柄だと思っているんですけれど。

杉野　キャリア教育そのものはどう考えていますか。

内田　本来のキャリア教育というのは「公民教育」だと思うんです。すべからく市民は公共の福利のために汗を流さなければいけないという市民倫理を教えるのが真のキャリア教育じゃないんですか。いまのキャリア教育には公共性とか公益性ということはまったく出てきません。ひたすら私利私欲の追求が奨励されている。自分の努力に対する利益は、全部、自分に報酬として還元されるべきだと学生たちも教師たちも考えている。自己利益の追求を勧奨するのがキャリア教育だという考え方はまったく本末転倒だと僕は思います。だから、僕は必死にそういう趨勢《すうせい》に抵抗しているんです。

杉野　前回、内田先生と話したときにも触れたのですが、日本は放っておくとキャリア教育重視の実学志向になるところが多分にあると思います。日本の大学は、明治時代の工学校や医学校など実学を教える教育機関が起源の一つとなっていて、その実学志向のDNAが引き継がれているような気がします。ただ、あまりにも実学志向が強すぎてキャリア教育を加速化させてしまうと、たとえば、資格取得のための教育を色濃く打ち出すようなことになってしまう。これでは、幅広い教養や専門分野を学ぶという大学教育本来のあり方を考えると、決して良い環境とは言えません。

内田　即戦力という言葉が僕は嫌いなんです。即戦力というのは、要するに換金性の高い知識や情報や技術を身につけるということでしょう。大学で勉強して「稼げる知識や技術」を身につけましょうというような発想をしていたら大学は危うい。僕はそう思っていますから、実学志向に断固として反対してきました。

杉野　どう説いたのですか。

内田　キャリア教育という以上は、憲法の「勤労の義務」で理論武装をすべきでしょう。僕たちはなぜ働くのか。なぜ憲法に国民の三大義務として勤労が記されているのか。その原点から考えようということですね。勤労が義務なのは、労働することが本質的に公共目的をめざしているからでしょう。私利私欲の追求を憲法が義務規定するはずがない。それが転倒して、「人間は自己利益追求のために働くものだ」という考え方が常識になってしまった。「金が欲しければ働け」「権力が欲しければ働け」「威信が欲しければ働け」という言葉づかいで勤労が動機づけられた。でも、労働の目的が自己利益の追求なら「オレはいいよ、働きたくない」という選択をした人間に向かって「働け」という命令は無効になってしまう。「オレのうちは大金持ちだからオレは働かないよ」「汗水流して働くくらいなら、貧乏のままだらだらしている方がいい」そういうことを言い出す人間に向かっては言うべき言葉がなくなってしまう。働くことが義務だというのは、それが自己決定できることじゃないということです。それはある種「類的」な義務なんです。自分に納得のゆく理由が見つかれば働くが、理由が見つからないなら一生働かないというような言い分を許しておくことはできないんです。人間というのはすべからく勤労すべきものだから。「人はなぜ働かねばならぬのか」。その問いを根源的なところまで突き詰めてゆくのが真のキャリア教育だと思います。

EU各国の大学も就職指導重視へ

杉野　実は、キャリア教育などといって大学がやたら就職を意識するという現象は、日本だけではないのです。大学制度のふるさとでもあるヨーロッパの大学も同じような動きがあります。いま、ヨーロッパ諸国の大学進学率は、全体的に急激に上がっているんです。五〇％を優に超えたところも少なくない。進学率が上がると、様々な学生が大学に入ってくるわけで、就職問題が大きな焦点となっているようです。旧来の学問追究型教育だけじゃなくて、ちゃんと就職できるように教えなければいかんのじゃないかみたいな議論が起こっているのです。

内田　進学率が五〇％を超えた時点で、大学の任務にはもともとそんなものは含まれていなかった仕事が追加されてきたんです。

杉野　大変だと思いますよ。ただ、もともとヨーロッパの大学は、学生が留年しようが、中途退学しようがあまり気にしていないようにも見えますし、その意味では以前から機能していない面もあったとは思います。学生に対してある種冷たいというか。

内田　たしかに、非常に冷たいですね。

杉野　それでも、おっしゃるとおり進学率が五〇％を超えると、就職させなければならないと考えるようになる。ヨーロッパの大学で就職が重要課題の一つとして意識されているというレポートを読んだりすると、正直びっくりしちゃうわけです。

内田　なぜ、ヨーロッパでは進学率が高まり、就職が重要視されるようになったのですか。

杉野　一つには、先進国に共通の事情として、中等教育修了者に対する雇用情勢が急速に悪化しているという問題があるようです。これは日本でも同じですよね。製造業の中心が発展途上国にシフトしていく中で生じた構造的な問題です。これは大学進学率の「押し上げ要因」です。一方、「引き上げ要因」としては、EU各国で競争意識が高まったことがあげられるのだと思います。EUの考え方として一つの経済圏、一つの地域としての流動性が掲げられていますが、結局は競争になってしまう。

内田　競争すれば、ギリシャのような国が生まれますしね。

杉野　勝ち組になるためには、若者の潜在能力を引き出す必要があり、それにはやっぱり大学教育だということになる。しかも、一部のエリート集団だけを教育すれば事足りるという発想から、幅広く若者を大学に招き入れて、彼らの能力を最大限に伸ばすことにより国力を上げていくという発想への転換です。つい十年前には、日本の進学率が急速に上がって、ほんとにこれでいいのかみたいなことが言われていましたが、はっと気がつくとヨーロッパの各国はもっと上に行っちゃいました。

内田　日本よりも大学進学熱が高くなったわけですね。

杉野　一方で、授業料を取るという方向に舵を切っているわけですよ。イギリスなんか一番顕著ですけど、最新の情報では、おそらく上限で年額百万ぐらいの授業料を取れるようにすると。もちろんイギリスですから授業料減免の仕組みは充実してるし、在学中は取らずに卒業後本人の年収に応じて徴収するとか、いろんな工夫を凝らしているけど、大学教育は無料、というかつてのヨーロッパの大学のイメージは変わってしまって、大学は、門戸を開放する代わりに授業料は取るという方向に進んでいる。

内田　そうしないと無理ですよ。

人を育てない日本企業の雇用戦略

杉野　日本の大学に話は戻りますが、前回、内田先生との対談で僕が親しくしている若い知人が入試に臨んだという話をしました。かつて「受験地獄」とか呼ばれた頃を知っている僕の目から見ると、たいして受験勉強らしい勉強もしていないのに、そこそこの大学に推薦でさっさと入ってしまって、羨《うらや》ましい、というか、ほんとにそれでいいの？　と思ったものです。

内田　その話、覚えています。

杉野　あれから三年経って、知人は就職活動に臨むことになりました。面接の練習にも付き合いましたが、結局、知人は有名家電量販店から内定をもらいました。「どうして、そこに決めたのか」と聞くと、「面接受けまくって落ちまくって打ちひしがれているときに、やさしい声をかけてくれたのはあの企業のあの人だったから」と答えるのです。本人の選択だからしょうがないとは思うんだけど、ちょっと歪《ゆが》んでいるんですよね。自分がやってみたい仕事だとか、会社の雰囲気が気に入ったとか、そういう発想ではなくて、ここだけはなんか声をかけてくれたみたいな……。

内田　捨てる神あれば拾う神じゃないですか。

杉野　拾ってくれて、ついほろっとなったのでしょうか。就職戦線で傷つき、向こう傷ぐらいじゃなくて、致命傷を負いかかっているときに、救護兵がやってきて「助けてやる」とか言って救いの手をさしのべてきたから、「ついていきます」と入社する、そんな感じでしょうか。就職戦線の厳しさというか、厳しさを超えた無慈悲さとでもいいますか、なんだかかわいそうになっちゃって、「本当にそれでいいの？」とは聞けない。

内田　そうですね。

杉野　先ほども触れたように、財界人、企業人の方々は、自分たちの採用活動が大学教育に対してどれだけ罪深いことをやっているのか無自覚すぎる気がします。総論では理解しても、個別の企業に戻ると、大学教育など一切お構いなし。

内田　いま、雇用戦略については、新卒一括採用が大きな問題になっています。優秀な人間を狩り集めたいだけで、そこには身銭を切って人を育てるという発想が欠如している。いまの段階ではこのハードルをクリアした人だけ入ってこい。入ったら今度はさらにハードルを上げる。そんなふうにじりじりとハードルを上げてゆく。入社して一年で新入社員の九割の人が辞めてしまう。その残った一割をコアメンバーにして、また次の年に大量採用する。これって「使い捨て」の発想なんです。人をモノとしか思っていない。「いくらでも換えがあるんだ」と思っている。仕事のできない若者をじっくり五年、十年かけて一人前に育てるという育成戦略を持っている企業は少数でしょう。そんなコストをかけずに出来合いの完成品を買おうとする。

杉野　たしかに長期的な視点はないですね。

内田　出来合いの完成品を買うわけですから、まずスペックを見ることになる。学歴、TOEICのスコア、資格、免状、そういう数値的、外形的なもので人を選別する。だから、企業側から「大学は卒業生の質保証をしろ」というようなことを言ってくるわけですけれど、そういう言葉を聞くと、ほんとうに腹が立ってくるんです。こっちは缶詰を製造しているわけじゃない。なまものを送り出しているんです。僕らは僕らなりに彼らを育ててきた。本来は、そのあとを企業が引き継いで「はい、ご苦労さん。これからは私たちが育てます」となるのがことの筋目じゃないですか。若い人たちは僕たちの社会全体のいわば「宝もの」なんですから。大人たちが手をかけて育成しなくちゃいけない。公共の福利をきちんと配慮できる、成熟した市民を育てることが大人たち全員の基本的責務なんです。それを何ですか。いまの日本の財界や産業界には、自分たちの手でしっかりした市民を育てなければならないという気なんか全然ない。

杉野　どうしてそうなっちゃったんですかね。残念ながら今も昔も日本の企業が大学教育にあまり関心を払わない点は変わらないのですが、それでもかつては「大学がよい素材さえ提供してくれたら、あとはうちの会社で育ててみせる」みたいな気概は感じられたのですが。先生の大学の学生さんもたいへんな思いをされているのですか。

内田　うちなんかは就職率が例外的に良いほうなので、メンタルに壊れている子はそんなに出ませんけども、ひどい大学はひどいことになってますよ。

教育機関としてのミッション

杉野　就職率が良い要因はなんでしょう。

内田　一番大きいのは、卒業した先輩たちがよく働いてくれるということです。うちの卒業生って、キャリア志向がそれほど強くないんです。「ばりばり出世したい」とか「自分の能力を百%発揮して、自己実現したい」というようなことはあんまり言わない。別に職場はどこでもいい。ご縁があって入社したところで、「これをやって」と言われた仕事をにっこり笑ってする。そういうマインドセットがわりとしっかり身についているんじゃないかと思います。だいたい、新入社員に与えられる仕事なんてほとんどはつまらないものなわけです。それを機嫌良くやることができるかどうかで、その先が決まってくる。つまらないからというので転職を繰り返しても、よほど才能のある人以外、先の展望はないです。うちの卒業生は就職先への定着率が高い。だから求人先の評判がいい。先輩たちの何十年にわたる蓄積のお陰で、同じ会社からコンスタントに求人が来る。企業だって、「こんなつまらないことをするために入社したんじゃない」とか「私にはもっと適性に合った仕事があるはずだ」とか「自分探しの旅に出ます」というのが来てしまうと困りますからね。

杉野　最近はその手の新入社員が増えているそうですから。でも、そのお話を伺うと、その学生が持っている能力とか、大学が施すキャリア教育とか、そういう話を超えて、先輩も含めた大学の実力が社会にどう評価されてきたかということでしょうか。要するに積み重ねですね。

内田　やはりある種の学校文化だと思います。自己利益の追求や自己実現を最優先にする大学からは「自分さえよけりゃそれでいい」っていう学生が輩出することになる。そういう人たちはあとに続く後輩のためには道を作るというような気はない。でも、後輩のための道しるべを付けてくれる先輩がいたというだけで、卒業生たちだって、自分も後輩のために何かしてあげようと思うじゃないですか。前の人を見て、横の人を見て、後から続く人を見て……という目配りができる学生がいるとしたら、それはやはり一つの誇るべき学校文化だと思うんです。

杉野　たぶん他の大学からすると、それはやっぱり神戸女学院大だからできると思われるかもしれませんね。

内田　大学の規模が小さいからできることですね。

杉野　それもあるかもしれませんが、伝統の力みたいなものも感じます。

内田　そうだと思います。神戸女学院はミッションスクールですから、「愛神愛隣」という建学の理念を掲げています。これは決して空語じゃないんです。学生たちは自分たちは隣人のために何ができるか、何をすべきかということを、やはり日常的に考えている。そういうことを考え、実行している人に対して「かっこうをつけるな」とか「偽善者」とかシニカルに批評するという雰囲気が全然ないんです。自分のためだけに勉強するんじゃないよ。それは公共的な利益のためにするものなんだよというような僕の言葉に学生たちはごく自然に頷《うなず》いてくれる。それを「きれいごと」だとせせら笑うような態度をとることに対して、無言の抑止がかかっている。それはやはり伝統の力だと思いますね。

杉野　ミッションと聞いて、かつて私学行政を担当していた経験から二つ感じることがあります。まず一つ、教育機関は生まれ方がとても大切だということです。一つの学校が作られるとき、創設者がどういうミッション、建学の理念を意識していたかが、その学校の将来に決定的な影響力を持つということです。逆に、設立時に歪んだ生まれ方をすると、まともには育たないという例も見てきました。それはもう、正直なものです。もう一つは、生まれ方は間違いなかったとしても、何十年、百年と続いていくうちに、そのミッションがどこにあるのかが曖昧《あいまい》になっていくケースが結構あるということです。特に三大都市圏では人気があるミッション系大学はいっぱいあります。しかし、ミッションがだんだん見えなくなってきている大学もある。どうしてでしょうか。

内田　ミッションを明示するというのは、言い換えると、そのミッションに興味がない人、そのミッションに批判的な人たちから「選ばれないリスク」を引き受けるということだと思うんです。女子大は男子には門戸を開いていません。リベラルアーツは実学志向の人には無縁のものです。ミッション・ステイトメントを明確にするということは、「うちはこんなふうに特殊です」ということを開示するということですから、「そんな特殊なところなら行きたくない」という人を増やすリスクを負うことです。「うちの学校のミッションに賛同する方は来てください」という受験広報と、「誰でも、みんな来てください」という受験広報では、発想が天と地ほどに違うわけです。でも、本来学校というのは「こういうことを教えたい」という教える側の願いから始まるものだと思うんです。それは「そんなことは教わりたくない」という言い分にも理《ことわり》ありということです。ところが、大都市圏のミッションスクールはどこも財務上の理由から、志願者を確保するために、宗教的な色合いを薄めて、新学部新学科を作り、集客力のあるプログラムに切り替えていった。そんなふうにマーケットのニーズに追随して、できるだけ多くの志願者に選ばれるように大学を作り替えていけば、当たり前の話ですけれども、どこもみんな似たようなものになってしまうしかない。他の大学でもやっている成功事例を真似ていれば、いずれどこの大学も顔つきがそっくりになってしまう。大学がマーケットに追随すればそれはもうミッションスクールではありません。ミッションスクールはニーズに追随しちゃいけない。

杉野　ある種の排除の論理なんですね。
内田　排除というか、「選ばれないリスク」を冒すということです。
杉野　選ばれないリスクを冒してもやってこられたのは、なにか巨大な財産を持っていたからですか。
内田　いや、小商いだからじゃないですか。けっこう規模の問題なんですよ。
杉野　どこかに巨大な土地を持って、そこの上がりで資産を動かしているとか、ということはないんですか。
内田　そんなの、ないですよ。うちの場合、一番大きな支え手は同窓会です。三万人を超える会員がいて、大学のステークホルダーとしてはもっとも強力なんです。それがうちの校風が同一的でこられた最大の理由じゃないかと思います。だって、同窓生というのは、自分たちが卒業したときと同じ教育理念が掲げられて、自分たちが受けたのと同じような教育内容を、同じ教育方法で、同じ校舎で教えていることを無意識には望むわけです。「いつまでも変わらぬものであっていただきたい」と。変わらないという事実が、自分たちが受けた教育が「すばらしいもの」であったということを立証してくれるわけですから。だから、同窓会は大学に対して「変化するな」という無意識の圧力をかけてくる。そのせいで、うちの大学は社会情勢の変化にすばやく対応できないんですけれど、その代償として変わらない校風と、同窓生からの圧倒的なサポートを手に入れている。

杉野　どんなサポートですか。

内田　いちばん大きいのは自分の娘さんを大学に送り込んでくることですね。私が出たのは良い学校だから、あなたも入りなさいって。阪神淡路《はんしんあわじ》大震災のときにはうちはずいぶん大きな被害を受けましたけれど、同窓会のそのときの寄付の額ははんぱじゃなかったですよ。単に自分が卒業した学校というだけじゃない。自分自身が今もリアルタイムでその大学の運命にコミットしている。そういう帰属意識が強いですね。同窓会のかけてくる「変化するな」という無意識的な圧力はふつうのビジネスマンであれば嫌うところですよね。「変化を求めない組織はつぶれる」と言うでしょう。でも、うちの場合はそうなっていない。

杉野　それがいまや個性になっている。

内田　全国の大学が次々と「文学部」という看板を下ろして、総合とか、情報とか、人間とかついた学部名に一斉に変わったときがありましたね。あのときも学内では「どうしょうか」という話はあったんです。でも、学部名を変えると同窓会が怒るよねっていうような話をしているうちに、気がついたら文学部が日本に少なくなっちゃった。そうすると文学部に行きたいっていう子たちがうちに来てくれるようになった。

杉野　なるほどね。

内田　基本は小商いだからでしょうか。この学校に来る学生はそんなに多くはない、という基本の確認があるんです。明治のはじめ、キリシタン禁止の高札が下りた直後にアメリカ人宣教師二人が神戸にやって来て学校を作ったわけで、創建時点でのマーケットのニーズはゼロだった。「来るな」というところに無理やり来ちゃったわけですからね。でも、それでも「どうしても教えたいことがある」という人がやって来て、そこから神戸女学院は始まるわけです。最初に入学した学生が七人で、それから少しずつ増えて、いま一学年六百人ぐらいになりました。でも、それぐらいが上限でいいと僕は思う。これぐらいの数でも経営できるサイズの学校でいいんです。小商いで自足している限りは、ミッションの旗幟《きし》を下げずに済みますしね。大学を大きくしようと思ったら、ミッションの旗幟を降ろさざるを得ないでしょう。

杉野　よく考えてみると、かつての帝国大学も、各分野ごとの分科大学の緩やかな集合体でしたし、オックスフォード、ケンブリッジだって、一つ一つのカレッジの集合体ですから、先生のおっしゃる「小商い」っていうのは、実は大学という生き物にとって大切な知恵なのかもしれませんね。

大学改革の必要条件

内田　規模を大きくすれば、経営コストはたしかに安くなる。でも、高等教育というのはほんとうは小さな単位で行うべきだと思います。みんな顔を知っているというように。オックスフォードやケンブリッジみたいにカレッジの全員が毎日一堂に会して、ガウンを着てディナーを食べるというところまでは無理でもね。
杉野　そこまでできるかどうかは別ですが、小さな単位はいいですね。
内田　カレッジの構成メンバー全員がおたがいに顔見知りで、専門を超えて、日常的におしゃべりできるという環境は大学としては理想的ですよね。
杉野　そういう発想は、日本の大学でなかなか出てこなかった。
内田　大きくするという話ばっかりでしょう。
杉野　「オックスブリッジはいいなあ」と言いながら、自分の大学は規模を拡大する。
内田　どういうふうにしたら、オックスブリッジのようになれるかは考えない。
杉野　内田先生の話を聞いていると、規模が小さいということが、いろんな機能につながっているということがわかりますね。
内田　資本主義の論理だと、とにかく企業を大きくするしかない。突き詰めると、大きくするか、潰《つぶ》れるかの二者択一になってしまう。資本主義企業には「現状維持」という選択肢は許されないんです。企業であれば、とにかく大きくするということが疑い得ない目標なんです。だからうちの大学でもビジネスマン上がりの理事は規模を大きくするという発想しかない。僕が「ダウンサイジングしましょうよ」なんて、言うと。

杉野　ビジネス的にはクビですよね。

内田　大学教育はビジネスとは全く違うロジックで動いている。僕たちは現状維持で全然構わない。十八歳人口が減っていくなら、それに合わせてシュリンクすればいい。僕がそう言ったら、ビジネスマン上がりの理事の人はほんとうに信じられないという顔をしてましたね。「ダウンサイジングなんて言葉はこの世にあり得ない」って。いや、ありますよ。現にここにあるんだから。

杉野　資本主義の企業経営の論理からいえば、シュリンク、ダウンサイジングなんて、あり得ないでしょうね。いつだって拡大、拡張を考えていますから。

内田　変化、拡大というのは、市場が単純増加してゆく世界を前提にしているからなんです。そういう人たちからみると、小商いとかダウンサイジング、オプティマル・サイジングという話は理解不能なんです。

杉野　先生の話はすごくわかりやすい。それ、今度、使わせてもらいます。だけど、「教育は現状維持でいい」とは、文部官僚としてはなかなか言いにくいですね。

内田　教育はきわめて惰性の強い制度なんです。教育においては、拙速というのが最大の禁忌なんです。教育制度はゆっくり変えなければいけない。ステークホルダーたちの意向を聞き、微調整しながらちょっとずつ変えていけばいい。

杉野　僕はいまでこそ「国立大学法人支援課長」という単純明快な名前の課長ですが、長らく○○改革室長とか、改革官とか、必ず「改革」という肩書きが付くポストに座っていました。異動のたびに家に帰って「今度、○○改革室長になったんだ」と報告すると、今年八十歳になる母親がぼそっと言うんです。「ふーん、また改革なの？　ご苦労ね」。参りました。

内田　いい話だなあ。

杉野　「大学改革」という言葉もずいぶんと長い間使われてきました。そう言い続けることに意味がある、という考え方もあるとは思いますが、行き着く先がわからないまま「改革」と言い続けるのも、しんどいですね。その点、内田先生のお話を聞いていると、「変えないことに価値がある」と、一度でいいから言ってみたい。

内田　もちろん変えなきゃいけない部分もあります。でも変えちゃいけないところもある。みんな「変革」という言葉が好きで、とにかく変えなくちゃいけないと当たり前のように言うけれど、冷静に考えれば、そんなはずがない。教育制度の核になっているものは、長い人類史を通じて、「こういうかたちでやると、まあなかなかいいんじゃないの」という経験的知見が蓄積してできたものなんですから。目先の損得でいじらないほうがいい。

杉野　あんまり内田先生の話にうなずいてしまうと、僕は仕事を失ってしまいますが、大学の継続性、つまり、変えてはいけないところを変えないようにしながら、大学の現場を活性化することが大切ですね。もちろん、大学人のプライドは大切にしながら。

内田　変革の目的は、制度を変えることじゃなくて、質を上げていくことなんです。質を上げるためには、必ずしも制度の変革が必要条件じゃない。一番大切なのは、そこで働いている教職員の士気を上げることでしょう。ばりばり仕事をする気になるように環境を整備するのが一番大切なんじゃないですか。端的に言えば、みんなが機嫌よく仕事できるようにすることに尽きると思う。フロントラインで働いている人たちが、いつもニコニコ笑い、高い自尊感情を維持できていること。それが組織のパフォーマンスを上げる最高の方法だと思う。いつもいじけておどおどしているとか、査定を恐れて人の顔色うかがうイエスマンだらけになったり、仲間の足を引っ張るやつばかりとか、そんな状態では、高いパフォーマンスを達成できるはずがない。ましてや教育機関の使命は、高度の知的達成を果たすことに尽きるわけですから。考えることは一つしかないんですよ。それは「どうやったら人間は高い知的なパフォーマンスを達成するか」ということです。答えは簡単で、みんなが機嫌よく働いていて、コミュニケーションが円滑で、潤沢な資金があることでしょう。

杉野　研究者はどうですか。

内田　僕は研究者の「歩留まり」をもっと低く設定していいと思うんです。マッドサイエンティストが百人のうち二、三人でも、飛び抜けた成果をもたらすなら、残りの、九十七、八人が結局ただの「ムダ飯食い」だったとしても、研究組織としては帳尻《ちょうじり》が合うと思う。三％の人が突出したオーバーアチーブをすれば、残りの給料分くらいまかなえますよ。それぐらい太っ腹な大学経営を考えなきゃ。いまは百人いたら九十八人までが標準以上のパフォーマンスを上げるようにというシステムをつくろうとしていますが、そんなの制度設計として不可能ですよ。

大学自己評価報告書の効果

杉野　そうでしょうね。先生、大学評価はやっぱり相変わらずしんどいですか。

内田　多少ペーパーワークの負荷は減ったみたいですね。二年前に、僕の次の自己評価委員長がまとめて大学基準協会に出した相互評価報告書は六〇〇ページでしたからね。担当者は四年間、研究教育のために使えた時間を六〇〇ページの報告書を書くために注いだわけです。痩《や》せこけるほどのペーパーワークですよ。でも、その報告書を出した後で、あれは長すぎるから、次回からは八分の一くらいに減らしてくださいって言ってきた。ほんとに気の毒ですよ。あんな無意味な報告書のために命削ったんですから。

杉野　ああいう評価をはじめた最初のサイクルだったということもあり、やりすぎという話もあったようです。マッドサイエンティストもいるかもしれないけど、やっぱり日本の大学人は、まじめだと思います。

内田　そうですね。

杉野　生まじめに自己評価に取り組んだことは、尊敬に値するし、大学人も大いに自負すべきと思います。

内田　でも、自己評価のためにロスした時間とエネルギーは膨大ですよ。会議と調査と執筆にどれだけの労力が浪費されたか。しかも、四十代ぐらいで、いちばん脂が乗って、いい仕事ができる優秀な教員がどこでも自己評価の責任者に任ぜられた。あのバカバカしい書類を書く時間を教育と研究に振り向けていたら……日本の高等教育が失ったものの大きさを思うと絶望的な気分になりますよ。

杉野　そうかもしれませんが、教育、研究をできない人に評価をやってもらえるかっていうと、そういうことにはならない。

内田　優秀な人は、何でもできますからね。

杉野　事務能力も高い。

内田　ああいうペーパーワークは、結局、その大学で一番先端的な研究をしていて、一番アクティビティの高い人に回っちゃうんですよ。だって、そういう人はなにしろ仕事が速いから。はじめは、もちろんいやがるんです。でも、諦《あきら》めも早いんだ、そういう人は。だから、すばらしい仕事ぶりで評価活動しちゃうんですよ。そうすると、みんなが「じゃあ、これもお願いします」ということになる。

杉野　大切な仕事は忙しい人に頼め、というのはどこの世界でも鉄則ですね。

内田　自己評価では必ず学生の授業満足度を見ますね。教員の教育姿勢や教育方法といった項目での得点の高さと満足度は相関するんです。でもね、学生の満足度と全く相関しない項目が一つだけあった。それが「シラバスがちゃんと書かれているかどうか」なんです。シラバスの精粗と学生の授業に対する満足度の間にだけ、統計的に何の関係もなかった。教育効果についてのエビデンスがないんですよ、シラバスっていうのは。

杉野　大学教育改革の一つの取り組みとして、シラバスを作るようにという話になりましたからね。

内田　僕自身、シラバスというのは教育的にはナンセンスだと思っています。僕は去年まで教務部長だったんで、教員たちにシラバスを書くようにお願いする立場だったんですけれど、そんなもの書く必要ないと思っていたので、そういう気分が教員たちにも伝わったんでしょう、シラバスをろくに書かない教科がたくさんあった。

杉野　そうなんですか。

内田　すると、文科省からシラバスが十分でないという理由で、ある日突然助成金カットが通達されました。シラバスは手間がかかるだけで、教育効果とは相関しないというのは僕の経験的確信だったので、文科省からの「シラバスを書け」という命令を無視していたんですけれど、それに対していきなり処罰が来た。これおかしいと思いませんか。制度の適否に関する議論をすっ飛ばして、「オレの言うこと聞かないやつに罰を与える」というのは、どう考えても教育を所轄する役所のやることじゃないですよ。一番いけないのは、それを助成金の削減という手で行ったことです。この処罰が効果的だと文科省は思っている。でも、それって要するに「人間は金で動く」というチープな人間観を文科省自身が吐露しているということでしょう。教育行政の要路の方々が、そのような浅ましい人間観を開示しちゃっていいんですか。

杉野　カネ、カネはいかんですね。

内田　人間誰でも金が欲しくて、それが「正しくないこと」だと思っても、「やれば金をやるぞ」と言われればやるものだっていう考え方を文科省自身が社会全体に向けてアナウンスしているってことでしょう。財務省が言うならいいですよ。でも、文科省は痩せても枯れても、そんなことを言っちゃダメですよ。

杉野　一言もございません。いやしくも道徳を所管する官庁としては。

教員評価システムの意味

杉野　シラバスを議論したのは、もう二十年ぐらい前のことです。アメリカの大学にはシラバスというのがあるらしいとわかった。当時の日本の大学の先生は、研究には熱心だけど、学生の教育には手抜きが目立つ。シラバスが一定の抑止力になってくれるのでは、という期待がありました。日本の大学は、休講もメチャクチャ多かったし。

内田　たしかに、それはひどかったですね。

杉野　だから、シラバスを作れば休講できんやろと、大学審議会の答申かなんかでシラバスって書いたんです。それが、いまや助成金カットの根拠になっているんですか。

内田　そうですよ。

杉野　すごいですね。

内田　そのあと、シラバスの書き方みたいなものがすごく精密に規定されました。

杉野　そうなんですか。

内田　でも、シラバスどおりに授業なんかやれないんですよ。だってシラバス書くのは前年度の秋ですからね。一年半後にどんな授業を自分がやってるかなんてわかるわけないですよ。

杉野　あんまり精密にしすぎると、アドリブのない芝居みたいで、授業もつまんなくなるのでしょうか。

内田　もちろん、毎年、同じ授業を繰り返している教師だっているでしょう。まさにそういう怠惰な先生にとってはシラバス書くのは楽なんですよ。初年度に一回詳細なシラバス書いて、後は毎年それをコピーしてりゃいいんだから。あるいはシラバスに書いたことと全然関係ないことを実際の授業で教える先生だっている。それだったら、何の意味もない。僕なんかは自分が来年の授業で何を教えることになるかなんて、ほんとうにわからない。そのとき自分の興味があることをやるに決まっているけれど、それが何かはわからない。だから、シラバスの書きようがない。シラバスを文科省が喜ぶように精密に書けるのは、毎年同じ授業をやっている教師か、シニカルな教師だけというのじゃほんとうに無意味でしょう。そのせいで、シラバスは電話帳みたいに厚く重たくなるけど、情報として無価値だから、学生だって読みゃしない。「選択科目はどうやって決めるの」って学生に聞いたら、「先輩から教えてもらって」と言うんです。あの先生の授業おもしろいとか、楽勝だとか。シラバスを精密化したら、履修科目の選択が原始的なかたちに戻ってしまった。

杉野　当時の議論を思い出してみると、大学の研究を高める方策はいろいろアイデアが出てくるんですが、教育の質をどう高めるかという問題は、偉い先生が集まって議論してもなかなか答えが出ないんです。結局、自己点検・評価をやりましょうという話になり、では、点検項目の例としては、ミッションもあるけど、シラバスも必要ということになった。あくまでも例であって別に強制するものではなかったけれど、どんどん独り歩きして、全国一律シラバスが錦《にしき》の御旗《みはた》になって、シラバスを作っていれば教育改革やってるという話になってしまったのでしょうね。

内田　そんなこともありましたね。

杉野　これは、日本の大学教育を良くする、質を上げていくことについての知恵が足りなかったということでしょうか。

内田　あのですね、評価活動っていうのは、要するに、働きのない教員をどうやって標準値まで持っていくかという問題意識でやったことだと思うんですよ。せめて給料分だけは働けよ、と。でもそのときに、標準以上の、オーバーアチーブしている教員たちのことは全く考えなかった。標準以上の仕事、給料分以上の仕事をしている教員をさらにチアーアップするためにどうするかという発想は評価活動には全然ないですよ。仕事しない教員をどうやって働かせるかという議論はほんとうに時間の無駄なんですよ。ＦＤの研修会に出てくるのは、ふだんからよく働く先生たちだけなんだから。ＦＤを理解させなくちゃいけない教師はそもそもＦＤの研修会にさえ出てこない。結果的にＦＤだの自己評価だので消耗したのは、オーバーアチーブして、給料の何倍もの仕事をしてきた教員たちだけなんです。その人たちが教育研究に投じることのできた時間とエネルギーを無駄にしただけなんです。

杉野　教員に対する評価に関わったんですか。

内田　やりましたよ。僕はうちの大学に教員評価システムを旗振って導入した張本人なんです。ＩＳＯ９０００で教員の質評価をしようかというようなことさえ考えたくらいですから。だからわかるんです。働かない教員を給料分働かせるために知恵を絞るなんて純粋な消耗なんです。そんな時間とお金があったら、オーバーアチーブしている人たちを支援するために使えばいい。働きのない教員の尻《しり》を叩《たた》いて働かせてもせいぜい給料分でしょう。でも、オーバーアチーブする教員たちは給料の何倍、何十倍も働いているわけですよ。仕事しないやつは放っておいて、仕事する先生たちのためにさらに仕事しやすい環境を整備する方がよほどベネフィットは大きいんです。「無駄めし食い」をなんとか働かせる手間暇かけるくらいなら、「無駄めし食い」を扶養できる人たちを支援する方がよっぽど合理的なんです。

杉野　なるほど。

数値表示しにくい教育のアウトカム

内田　大学はある程度非常識な空間であっていいと思うんです。マッドサイエンティストが、そこらにうろうろしている方がいい。「なんか気持ちが悪い人いますけど、あれは誰ですか」と言われるような人がそこらじゅうにうろついているくらいのほうが、大学全体としてはアウトカムが大きいと僕は思う。いま、日本の大学から非常にイノベーティブな才能が育たないといわれています。これはほんとうに深刻な事態です。潜在的な才能の持ち主はいっぱいいる。だけど彼らは日常の業務に忙殺されて、イノベーティブな才能を発揮できる環境にない。本人にとってもかわいそうだし、日本にとっても不幸な話です。

杉野　日常業務をどう削減するかは、大学改革のテーマになりますね。

内田　ペーパーワークと会議をいかに減らすかですね。でも、そういうことを言うと、「会議を減らすための委員会」が招集されたりする。

杉野　大学の先生は会議大好きでしょ。

内田　大好きですね。でも、これは仕方ないんです。とにかく一つ一つ機関決定していかないと、「その話は聞いてない」と言ってごねる人が出てくるから。大学の教師がごねるとうるさいんですよ。まあ、「ごねるとうるさい」というようなのも大学教師の職業的条件の一つだから仕方ないんですけどね。でも、一人でもごねられると何も決まらないので、じっくり根回しして、一つ一つ合意形成してゆくわけですよ。「そんな話、俺は聞いてない」といって怒り出す人が出てこないように。

杉野　内田先生は、文科省が大学に対してどうしてほしいとお考えですか。

内田　とにかく現場をエンカレッジしてほしいですね。支援、応援してほしいですよ。大学教員が自尊感情を持って気持ちよく働けるような環境を作ってほしい。イノベーティブな才能が出てきて、とてつもない発明ができるような知的で活気に溢《あふ》れた環境をどうやって担保にするかを考えてほしい。

杉野　そう思ってやってきたつもりなんですけど。

内田　でも、規格からはずれた人間を排除している。大学をコントロールしやすくしようとしているし、数値化しやすいものしか大学の教育研究の成果を考量しないでしょう。予算配分しなくちゃいけないから、仕方がないんでしょうけれど、大学の力を数値的に比較可能なランキングに並べようとしている。そうせざるを得ない文科省の苦しみも理解できますけれど、大学のパフォーマンスを格付けするために、条件を揃えようとして、たいせつなものをたくさん切り捨てたんじゃないですか。

杉野　条件を揃えることを意図したつもりはないですけど、先生がおっしゃるように、もともと大学っていう生き物は、歴史的に見ると、教会や国王といったパトロンが潤沢に資金を提供して、その中でマッドサイエンティストも含めて、教育、研究を自由に行わせて、結果的に何らかの形で社会の役に立てばいい、という世界で生きてきたと思います。日本も戦前から一貫して大学制度は拡張を続けており、国がパトロンとなって育成してきた側面があります。ところが、一九八〇年代の土光《どこう》臨調以降、日本政府全体が緊縮財政の世界に突入して、その後いろいろ紆余曲折《うよきよくせつ》あるけれども、この二十年近く日本の経済がダウンしている中で、国の一般歳出予算五十兆円あまりのうち、たぶん毎年二兆円ぐらいは大学に国費が投じられています。

内田　巨額ですね。

杉野　巨額だという感覚に対して、僕たちは、常にそれに見合う価値があるかどうかを説明しなければならない、つまり説明責任を感じているわけです。でも、大学の教育、研究の価値を説明するのはなかなか難しい。そこで、自己点検から始めましょう、第三者評価をしましょうという話になり、大学人が自分たちのパフォーマンスを公表するという間接的な手法で、大学に対する国民からの支持を取り付けようとしてきました。ところが、評価が自己目的化して、どんどん厳しくなり、基準化されてしまう。さきほど内田先生がおっしゃったシラバスの話は、こういうところから出てきたのでしょう。

内田　そうだったんですか。

杉野　ほんとうはもう少し賢くやらなければならないと思うんですね。文科省だけでなく、大学の教職員も大学のミッションをどうやって社会に認知をしてもらい、大学の教育研究活動の継続をどのように理解をしてもらうかについて、いろいろ考えていただかなければなりません。

内田　大学の必要性を、大学自身がきちんとアナウンスする。われわれはこのような教育をしており、これは日本という国にとって、国民全体にとって非常に有用、有益なんです、ということを言わなければならないと思います。もっとも教育のアウトカムは計量するのが難しいんです。

杉野　結果が出るのにどのくらい時間がかかるかわかりませんしね。

内田　二兆円使ったけれども、アウトカムがわかるのは二十年後だったりすると、いまの段階では「わかりません」と言うしかない。教育のアウトカムによって、どれだけ成熟した市民が作り出されるか、僕は教育の達成はそれでしか測れないと思う。でも、市民的成熟なんて、どんなモノサシで測れるのか、僕だってわからない。

杉野　そうですね。

内田　繰り返し言いますけど、教育のアウトカムというのは数値的には表示しにくいものなんです。資格や免状や、TOEICのスコアとかいうのは、その副産物であって、それ自体が教育の目的であるわけではない。それが本末転倒になっている。いったい何のために学校があるのかという問いに、「成熟した市民を育てるため」と即答できる大学人が今どれだけいるでしょう。

杉野　大学教育とか大学のあり方を語るときに、理解してもらおうと焦って、あんまり相手の土俵に合わせて語るのも考え物ですね。さっき内田先生がカネの勘定で説明するのは文科省らしくないとおっしゃいましたが、財界人と大学を語ろうとするときは、例えば、大学の活動がもたらす経済効果といったような話、つまりはカネに象徴されるような価値観に流されがちです。それはそれで一定の意義はありますが、大学の価値をいかに自分たちの土俵のなかで説明して、そのことをまわりの人たちに理解してもらえるか、これは課題ですね。

内田　おっしゃるとおりです。

外界と異なる大学独自の価値観と時間

杉野　例えば、さきほど内田先生がおっしゃった、大学が拡張するのは必ずしも正しい選択ではない、ということなどは、説明が最も難しいところのような気がします。

内田　大学経営者の多くは、ビジネスマンの論理に屈服してしまいます。

杉野　定員割れが起きた場合、もちろん拡大路線は難しいけど、さりとて縮小するわけではなくて、すぐ転戦するんです。「この学部はあかん。別の学部に改組して医療系で行こうや。医療系で看護系はどうや」とかいって、ぱっと転戦してしまう。そういうケースが多いのです。

内田　そんな大学では組織の存続が自己目的化している。自分たちは何のために大学教育をはじめたのか。その理由をもう忘れている。

杉野　開学当初はそうじゃなかったと思いますけど。

内田　教えたい人がまずいる。そこに習いたい人が来る。学校はすべてそこから始まるわけです。教えたい人と学びたい人の出会いのインターフェースで火花が散る。すごくシンプルな話なんです。それが学校という組織になる。そのうち、組織が大きくなってくると、組織の存続が自己目的化するようになる。そうなると、何のために自分たちは学校を開いたのかという初発の動機が忘れられてしまう。

杉野　建学の理念より、組織存続のために大学を大きくしようとする。

内田　大学組織が巨大化すると、中枢で舵《かじ》をとれるのは結局ビジネスマンしかいないんです。経営能力のある人に人事権も予算配分権も情報も集中する。でも、教育の現場を知らない、教壇に立ったことがない人が全体をコントロールするようになると、大学はダメになる。毎週教壇に立って授業して、学生たちとときどき居酒屋で酒飲んでいるみたいな人が組織の中枢から排除されてしまうと、経営と現場はどんどん乖離《かいり》してゆく。学生の顔が見えなくなると、学生たちはただの「授業料支払者」になってしまう。年間何十万円かの授業料を払うクライアントとしか見られなくなる。でも、顔と顔を突き合わせて授業してたら、学生はクライアントなんかじゃないということは骨身に沁《し》みるはずです。「どうしたら、彼らを大人に育て上げることができるだろう」と考える人間と、「何人入学させると、いくら納付金が入ってくるか」を考える人間では、考えていることが違うんです。結局のところ、これまで何度も言ってきましたが、規模の問題なんですよね。規模がでかくなると、ビジネスマンにしか組織はコントロールできない。学者に巨大組織の経営なんかできるはずがない。そんな訓練受けてないんですから。だから、「学者でもできる小商い」でいくしかないでしょうと言ってるんです。

杉野　前回、対談したときもダウンサイジングが議論になりましたが、一つ一つの単位を小さくしていくという方法もあるかもしれません。それをゆるやかに統合する。

内田　そうです。文科省の人がそういってくれると嬉《うれ》しいですね。一つ一つの単位を適正なサイズにして、自立性を持たせていってゆるやかに統合する。アカデミアはどんなことがあっても中枢的に管理されるべきではありません。たとえば、いつでも誰でも入れる図書館と、カードキーがなければ入れず、利用できるのは九時から五時までという図書館と二つの図書館があったとして、二十年後の両方の利用者の知的達成を比較してみたら、たぶん天と地ほど差が出てくると思います。「管理がゆるい」というのは高等教育機関の必《ひっ》須《す》条件なんです。学問の府というのは原理的には「万人の訪問に開かれている」べきなんです。

杉野　良い話ですね。僕らはそういう大学に憧《あこが》れて、大学政策に取り組んできたのですが、いま、いたる所にゲートが作られていますよね。

内田　ゲートはいかんです。大学は物理的には開かれていなくちゃ。大学と外の世界の境界線は「見えないバリア」なんです。その結界の線を一歩越えると、温度が変わる。時間の流れが変わる。そういう象徴的な壁で「象牙《ぞうげ》の塔」と外界は隔てられている。ほんとうの壁を建てちゃダメですよ。

杉野　そうですね。なるほど。

文科省が目指すべき大学政策

内田　いま、文科省では大学政策でどのような議論がなされているのですか。

杉野　いろいろな議論がありますが、僕の担当である国立大学で言えば、数が多すぎるのではないか、特に地方国立大学は本当に必要か、といった類の議論にどう対処するか、というのがあります。要は、国立大学は、トップクラスの大学に限定して重点投資すればいいという話です。

内田　そんなことを誰が言うんですか。

杉野　いろんな方々がいますが、代表的には、国の財政状況を心配しているような人たちです。地方の大学はその地方の文化の拠点であり、都会の文化を受け止める拠点でもあるわけです。同時に、大学教員も全国を流動しているわけで、東京や京都などの特定の大学だけが存在していれば、大学教員のシステムが成り立つというものではない。広いすそ野があって初めてトップクラスの大学が存在するということを理解してもらう必要は常にあります。

内田　まったくそのとおりです。

杉野　特に、地方から国立大学をなくしてしまったり、地方の私立大学をなくしてしまったりすれば、地方にはもはや何もなくなってしまいます。

内田　疲弊しますよね。商店街のシャッター通りが知的な領域でも起こってしまう。

杉野　経済だけでなく、文化的な部分もすたれてしまいます。

内田　前の対談のときもお話ししましたけど、地方国立大学はそこに経済圏を作り出す。雇用も発生する。文化活動の中心であり、スポーツ施設であり、図書館であり、災害のときの避難所でもある。総合的な機能を担っているんです。

杉野　東京生まれで東京の大学しか知らない人には、偏差値では表せない地方の大学の重みが直感的に理解できないのかもしれません。東京の私学より地方の国立大学のほうが偏差値が低いところもあるけど、地方にすれば、目の前にある国立大学は、何ものにも代え難い進学の場であり、マッドサイエンティストも含めて文化人が集まるところなのです。

内田　どうしてもトップの大学が中心に語られてしまいますね。世界の大学ランキングなんか意識しちゃって。地方の大学、小規模校が無視されてしまう、良くないです。

杉野　世界を意識するのは、いろんな意味で日本の大学はワールドカップに出られるぐらいのレベルでなければ困るという考えがあるからでしょう。もちろんその考えは否定しませんし、現に日本の大学システムの強みは、少なくとも数年おきにノーベル賞受賞者をちゃんと出せるだけのトップレベルの大学と、それを支えるすそ野の広い大学群がともに存在するということであり、これは、どこの国に対しても誇れると思っています。

内田　大学政策について、文科省はなにを目指しているのでしょうか。

杉野　すべての大学が東大になればいいとは思っていないし、すべての大学が同じようになればいいとも考えていません。それぞれの大学が、自らのミッションを明確にし、全体として力強い大学システムになることを願っています。同時に、とかく実学が重視されがちな日本の大学風土のなかでは、常にリベラルアーツ的な教育が忘れがちになってしまいます。国立大学の教養部の解体が進んで二十年近くたちましたが、当時の教養部教育とは違った方法でリベラルアーツを大学教育のコアの部分にもう一度置き直していくという地道な作業が今後とも求められているのではないでしょうか。

内田　リベラルアーツというのは定義しにくいんですけれど、とりあえずは自己教育・自己陶冶《とうや》のベースを作るものということでいいかなと思います。自己教育・自己陶冶はエンドレスです。終わりがない。大学を卒業しても自己教育は死ぬまで続きます。リベラルアーツというのは、その自己教育の起点を作るための教育というふうに考えていいんじゃないかと思います。卒業生が転職とか結婚とかの節目のときに、よくやって来ます。そういうときによく聞くのが、「大学時代に教わったことの意味が最近ようやくわかってきました」という言葉です。これを、僕は「卒後教育」と呼んでいます。大学教育は四年で完了するものではない。そこで学んだことの意味は卒業した後に事後的に、長い時間をかけて構築されてゆくものなんです。だって、教育の基本は「自学自習」なんですからね。学校でできるのは、「自学自習するきっかけ」を提供することだけです。自分をより知性的たらしめよう、倫理的な人間になりたいという決意以外のもので、人を強制的に知性的にしたり、倫理的にしたりすることはできません。大学で教えるのは、自分自身を上空から鳥《ちょう》瞰《かん》できるような視座に立つ力、それだけで十分だろうと僕は思います。知的開放性とはこういうものだということを自分の身体を通じて実感してもらえれば、あとは自分でいくらでも学ぶことができる。そういう自己解放のきっかけを準備するのが大学の社会的機能だろうと僕は思います。

杉野　そうですね。文科省としても、日本の大学をシステム全体で良いものにすることを目指さなければならないと、僕は考えています。

内田　ぜひ、良いものにしてください。今日はありがとうございました。

単行本版あとがき

教育についての本を出すのはこれで三冊目である。最初に出したのは『先生はえらい』(ちくまプリマー新書、二〇〇五年)で、これは師弟関係の力学(というか錬金術)について論じたかなり純理的な著作である(にもかかわらず中高生向き)。もう一つは本書の少し前に出た『下流志向』(講談社、二〇〇七年)で、これは学力低下とニートの発生はグローバル資本主義の歴史的帰結であると論じた教育人類学的著作である。

本書はそのいずれとも違って、私がいま身をおいている大学という場で、リアルタイムで起きている出来事を扱ったものである。

第1章から第8章まではブログ日記に書いたものを採録した。私自身の日々の出来事をそのまま載せているので、具体的ではあるが、生きものの現実を扱っているせいで、言うことは二転三転、データとしては古いものや私の予測がはずれた話も含まれているが、誤りをも含んだ歴史的証言としてご笑覧願いたい。

第9章は東京都立日比谷高校時代の友人吉田城くんの没後、追悼文集(『仏文研究　吉田城先生追悼特別号』、京都大学フランス語学フランス文学研究会、二〇〇六年)に寄稿したものを採録した。ブログ日記とはずいぶん肌合いが違う文章だけれど、一九六〇年代の日比谷高校という学校の独特なエートスについての個人的な回想を綴《つづ》ったものである。教育というのは学校や教師が専一的に行うものだと思われがちだが、そこで出会った友人のただ一言が教師の百万語にまさる影響を及ぼすということがある。そのような出会いの機会を用意することができるなら、学校は十分にその社会的使命を果たしていると言えるだろう。

第10章には文部科学省私学行政課長の杉野剛氏との対談を「文部科学省訪問記」として収録した。教育行政の中枢にいる人と、その教育行政を批判し続けてきた現場の大学教員が、なぜか高等教育についての危機感を共有するという不思議な出会いが記録されている。

この本は『大学ランキング』の小林哲夫《こばやしてつお》さんの企画で出来上がった。日本の教育について言いたいことが私にはたくさんあり、なかなかメディアでは直言できない種類のこともある。それを広く世に問う機会を与えてくださったことについて小林さんと朝日新聞社の雅量に感謝したい。装丁は今回も旧友山本浩二《やまもとこうじ》画伯にお願いした（いつもありがとう）。学生諸君、同僚諸氏、なつかしい日比谷高校の友人諸君にもこの場を借りて、お礼を申し上げたい。

二〇〇七年一月

内田　樹

文庫版あとがき

みなさん、こんにちは。内田樹です。

『街場の大学論』お手にとってくださってありがとうございます。

最初にまずご注意から。これは二〇〇七年に朝日新聞社から刊行された『狼少年のパラドクス』を文庫化したものです。文庫化するときにタイトルを変えてしまうというのは、読者の方に対してはたいへんご迷惑なことで、「間違えて同じ本買っちゃったよ！」という方もおいでになるかも知れません。その方にはほんとうに申し訳ないと思います。すみません。

でも、角川書店の方からオリジナルのタイトルではどういう内容の本かよくわからないから、「これは教育論です」ということをはっきり示した方が読者のためになるのでは……というご提案を受けて、「そういうことなら」と承諾したものです。看板をつけ変えて、同じ品物を二度売りしようというようなせこい考えからのことではございません。うっかり二度買いされた方は仕方がないですから、誰かご家族かお友だちに差し上げてください。「わ、これ前から読みたかったんだ」と喜んでくださる方がいるかも知れません（希望的観測）。

以上、タイトル変更についてのお詫《わ》びと言い訳でした。

本書は『大学ランキング』の編集者である小林哲夫さんが僕がブログに書いた教育論（おもに大学論）をエディットして作ってくれた本です。終わりの方に、亡くなった高校時代の友人についての回想と大学時代の思い出話という異質な文章が収められていますが、小林さんはこれも「学校」という場所についての考察という意味をもつものとして採録されたのだろうと思います。

それから、文庫版には文科省の杉野剛さんとの対談の4年後の「リターンマッチ」対談を収録しました。これがいわばリイシュー版だけについている「ボーナス・トラック」です。猛然と文科省批判をしている僕に対して、杉野さんはいつもたいへんていねいにかつフレンドリーに接してくださり、にこやかに「おっしゃることは、よくわかります」と頷《うなず》いてくれます。「よくわかるなら、ただちに実行を」と喉元《のどもと》まで出かかりながら、杉野さんだってやりたいことは多々あれども、なかなか諸般の事情によりそうもゆかないんだろうな……と拝察して、じっとこらえました。杉野さん、いろいろたいへんでしょうけれど、日本の教育のためにがんばってくださいね。

さて、「あとがき」として今回ゲラを通読して気がついたことを一つだけ書いておきます。

それは大学教育についての自分の意見がこの十年間でずいぶん変わったということです。

本書にはいちばん古い日付のもので二〇〇〇年のものが収録されています。その頃僕は大学の自己評価委員長になったところで、FD活動を推進する立場にありました。大学の自己評価活動の強化について、文科省からも大学基準協会からも強い要請があった時期です。もちろん、言われるまでもなく、僕自身も自己評価の必要を信じていました。大学教員にあまりにビジネスマインドが欠けているということに相当にいら立っていたからです。限りある教育資源をわかちあっているわけですから、貴重な資源はできるだけアクティビティの高い教員やセクションに集中的に配分したい。申し訳ないけれど、仕事をしない教員にはそれなりのペナルティが科されるべきではないか、そう思っていました。だからこそ、本書中にもありますように、教授会で反論の集中砲火を浴びながら、全国の私学でもかなり早く、二〇〇四年度での「教員評価システム」導入の学内合意を取り付けたのです。

その決断が拙速であったことに、評価システムを導入して一年ほどで気づきました。僕は重大な点を二つ見落としていたからです。

ひとつは「評価コスト」を過小評価していたこと、ひとつは教員を「給料分働かせる」ためのシステムは、「給料以上のオーバーアチーブをしている教員たち」の活動を少しも支援せず、むしろ妨害すること、この二点です。

「経営改善に要するコスト」は「経営改善がもたらすベネフィット」を超えてはならない。これはビジネスの基本ルールです。評価活動だって同じです。でも、現在の教育現場における「評価コスト」はどこでも「評価のもたらす利益」を超えてしまっています。評価活動に時間を割き、人的資源を投入すればするほど手元の教育資源が目減りし、教育効果が減殺されてゆく……という悪循環に日本の大学は入り込んでいる。

「教育実践の改善」についての自己評価レポートを書くために、教室で学生たちと過ごす時間を削る教師というのは背理的な存在です。それは「百万円の適切な使い方」について議論を重ねているうちに、会議の弁当代が百万円を超えてしまった……というナンセンスと同型的です。「ばかばかしい」とどなたでも思われるでしょう。でも、今、日本の教育現場で実際に行われている評価活動というのは「そういうもの」なのです。教師たちは自分の行っている教育・研究活動がいかに有用で、豊かな成果をもたらしているかを数値的に証明する書類を書くために、教育も研究も後回しにすることを余儀なくされています。

大学設置基準の大綱化以来の「大学改組」、「自己評価」、そして近年の「大学の質保証」に至る流れの中で、大学教員たちは膨大な時間を会議とペーパーワークに費やしました。そこで浪費（と申し上げてよろしいでしょう）された時間を彼らが本務である教育研究活動に投じていれば、間違いなく日本の学術研究の水準は今より上がっていたでしょう。評価はそれだけ単独に眺めれば「よいこと」です。けれども、実際に評価活動に従事しているのは、生身の教員たちです。そのことを忘れては困る。身体は一つしかなく、一日に働ける時間も限られている。評価活動の作業負荷を増やせば、本務にしわ寄せが来るのは当たり前のことです。「教育研究活動の質を向上させるためのシステム」を構築するための負荷が現に教育研究活動の質を劣化させているという皮肉な現実に、文科省はそろそろ気づいていただきたいと思います。

評価活動について僕が見落としていた第二点。それは教育研究の成果を数値的・外形的に表示して、教員やそのプロジェクトを「格付け」し、資源を傾斜配分するという発想そのものが否定的な効果をもたらすことです。

長年武道の稽古《けいこ》をしてきてわかったことの一つは、術技上のブレークスルーは「そんなことができると思ってもいなかったことができてしまった」という経験だということです。それを目指して稽古していたわけではないのに、ある日不意に「そのような身体の使い方があるとは思いもしなかった身体の使い方」ができるようになる。できたあとになって、「私は今いったい何をしたのだ？」という問いが遡及《そきゅう》的に立ち上がる。そして、「できてしまったこと」についての仮説やそれを名づける語彙《ごい》が事後的に生まれる。真のイノベーションというのは「そういうもの」です。それは学術的なブレークスルーについても同じです。武道修業を通じて骨身に沁《し》みて学んだはずのことが学知においても妥当するということに気づかなかった。それが僕の第二の失敗です。

今のシステムでは、「こういう手順で、こういうことをやると、こういう成果が上がります」ということが予見される研究にしか予算がつきません。どうなるかわからないけれど、「何か」が起こりそうな気がするというようなあいまいなプロジェクトは一顧だにされない。でも、考えればわかりますけれど、結果が正確に予見されるイノベーションなどというものはこの世に存在しません。イノベーションというのは、「ぜんぜん違うことをしているうちに、もののはずみで（業界用語では「ケミストリー」と言いますが）、予想もしていなかったものが生まれてしまう」ということです。学術の進歩というのは、「連続的なイノベーション」という以外に表現のしようがありません。ですから、「成果見通しについての数値的根拠を添付した中期研究計画書を出せ」というような圧力を継続的に加えてゆくことで知的なイノベーションが爆発的に進行するというようなことは論理的にありえないのです。

僕は自分の大学の評価活動をすすめてゆく過程で、それがあまり仕事をしない教員を少し脅す効果はあったとしても（それさえ効果のほどは不明ですが）、現在すでに活発に創発的な研究をしている同僚たちをエンカレッジする効果はまったくないということに気づきました。むしろ、「自分がちゃんと仕事をしていることを証明する」ためのペーパーワークと会議が彼らの研究時間をいちじるしく蚕食《さんしょく》してしまっていた。全員に一律の規制をかけて、仕事のやり方を標準化するよりも、例外的に高いパフォーマンスを発揮する人には「もう、好きなようにやっていただく」方が、大学全体としての学術的なパフォーマンスはあきらかに高まるはずです。とりあえず評価コストはゼロになりますから、費用対効果は向上するはずです。

というように、二〇〇五年前後の評価活動の旗振り時代と、現在ではずいぶんこの点については考え方が変わっております。ですから、『街場の教育論』以後の僕の書き物しか読まれていない方は、この本の中の「ビジネスマインド」礼賛に近い主張に驚かれるかも知れません。でも、人間は成功からよりはむしろ失敗から学ぶことの方が多いのです。ですから、今読むと「それはちょっと違うんじゃないかな」と思うようなこともそのまま直さずに残してあります。

簡単に書くつもりでまた長くなってしまいました。このくらいにして、「巻き」にかかります。

大学の教師という立場から教育論を発表するのは、これが最後になりました。来年からは「天下の素浪人」です。武道教育や私塾についてはこれからも語ることがあるかも知れませんが、「大学人」として大学について論じるのはこれでおしまいです。長い間、ご静聴いただきまして、ほんとうにありがとうございました。

最後になりましたが、文庫化に際してご尽力いただきました、角川書店の江澤伸子さんにお礼申し上げます。ゲラも「あとがき」もベタ遅れでほんとうに済みませんでした。

二〇一〇年十一月

内田　樹

本書は『狼少年のパラドクス　ウチダ式教育再生論』（二〇〇七年二月朝日新聞社刊）に新対談（第11章）を加えて改題したものです。

街場《まちば》の大学論《だいがくろん》

ウチダ式《しき》教育《きょういく》再生《さいせい》

内田《うちだ》 樹《たつる》

角川文庫 16589

平成二十二年十二月二十五日　初版発行

発行者—井上伸一郎
発行所—株式会社角川書店
東京都千代田区富士見二—十三—三
電話・編集（〇三）三二三八—八五五五
〒一〇二—八〇七八
発売元—株式会社角川グループパブリッシング
東京都千代田区富士見二—十三—三
電話・営業（〇三）三二三八—八五二一
〒一〇二—八一七七
http://www.kadokawa.co.jp
印刷所—暁印刷　製本所—BBC
装幀者—杉浦康平

定価はカバーに明記してあります。

う 17-3　ISBN978-4-04-370704-1　C0195

角川文庫発刊に際して

角川源義

第二次世界大戦の敗北は、軍事力の敗北であった以上に、私たちの若い文化力の敗退であった。私たちの文化が戦争に対して如何に無力であり、単なるあだ花に過ぎなかったかを、私たちは身を以て体験し痛感した。西洋近代文化の摂取にとって、明治以後八十年の歳月は決して短かすぎたとは言えない。にもかかわらず、近代文化の伝統を確立し、自由な批判と柔軟な良識に富む文化層として自らを形成することに私たちは失敗して来た。そしてこれは、各層への文化の普及滲透を任務とする出版人の責任でもあった。

一九四五年以来、私たちは再び振出しに戻り、第一歩から踏み出すことを余儀なくされた。これは大きな不幸ではあるが、反面、これまでの混沌・未熟・歪曲の中にあった我が国の文化に秩序と確たる基礎を齎らすためには絶好の機会でもある。角川書店は、このような祖国の文化的危機にあたり、微力をも顧みず再建の礎石たるべき抱負と決意とをもって出発したが、ここに創立以来の念願を果すべく角川文庫を発刊する。これまで刊行されたあらゆる全集叢書文庫類の長所と短所とを検討し、古今東西の不朽の典籍を、良心的編集のもとに、廉価に、そして書架にふさわしい美本として、多くのひとびとに提供しようとする。しかし私たちは徒らに百科全書的な知識のジレッタントを作ることを目的とせず、あくまで祖国の文化に秩序と再建への道を示し、この文庫を角川書店の栄ある事業として、今後永久に継続発展せしめ、学芸と教養との殿堂として大成せんことを期したい。多くの読書子の愛情ある忠言と支持とによって、この希望と抱負とを完遂せしめられんことを願う。

一九四九年五月三日

角川文庫ベストセラー

角川文庫ベストセラー

いまを生きるちから
五木寛之

「過去の智恵」でも、「未来の希望」でもなく、私たちの心にある感情をつぶさに見る。「情」と「悲」の中に、生命のちからを見いだした一冊。

気の発見
五木寛之
対話者 望月勇

気が入ることで、心身の緊張が緩み、ストレスが発散されてゆく。時に科学の力を超える「見えない力」の可能性を、作家と気功家が対話する。

霊の発見
五木寛之
対話者 鎌田東二

日本人は、長い時間をかけて霊的な力を信じてきた。社会的不安の中で、その感覚は際だっている。宗教哲学者と作家が、霊性という謎に迫る！

神の発見
五木寛之
対話者 森一弘

信仰とは遥か遠くに輝きながら、闇のなかで寒さに凍える私たちを、支え導く光ではないか。仏教者の作家と、司教があますところなく語り合う。

息の発見
五木寛之
対話者 玄侑宗久

長年をかけ息づかいを体得してきた禅僧に学ぶ、呼吸の活かし方。意識を向ければ、日々の生活が変わる、心身コンディション維持法を満載！

「彼女たち」の連合赤軍
サブカルチャーと戦後民主主義
大塚英志

サブカルチャーと歴史が否応なく出会ってしまった70年代初頭、連合赤軍山岳ベースで起きた悲劇を読みほどく、画期的評論集、文庫増補版。

定本 物語消費論
大塚英志

自分たちが消費する物語を自ら捏造する時代の到来を予見した幻の消費社会論。新たに「都市伝説論」「1980年代サブカルチャー年表」を追加。

角川文庫ベストセラー

人身御供論 通過儀礼としての殺人　大塚英志

人は大人になるために〈子供〉を殺さねばならない。昔話と現代のコミックに共通する物語の構造を鮮やかに摘出する。

どんぐりいちご くり夕焼け つれづれノート⑪　銀色夏生

島の次は、山登場!? マイペースにつづる毎日日記。人生は旅の途中。そして何かがいつもはじまる。人気イラスト・エッセイシリーズ第11弾！

詩集 散リユク夕べ　銀色夏生

もう僕は、愛について恋について一般論は語れない——。静かな気持ちの奥底にじんわりと染み通る恋の詩の数々。ファン待望、久々の本格詩集。

君はおりこう みんな知らないけど　銀色夏生

僕たちは楽しかった。ずっと前のことだけど——人は変わるのだろうか。……人はどうやって人の中で自分を知るのだろう。写真詩集。

サクサクさーくる　西原理恵子　山崎一夫

各界の雀鬼を招いての麻雀バトルロイヤル！ 蛭子能収、城みちる、伊集院静、史上最大の麻雀バトルが展開される！ ギャンブル死闘記。

どこへ行っても三歩で忘れる

鳥頭紀行 ジャングル編西原理恵子　勝谷誠彦

ご存じサイバラ先生、かっちゃん、鴨ちゃん、西田お兄さんがジャングルに侵攻！ ピラニア、ナマズ、自然の猛威まで敵にまわした決死隊の記録！

ブランドはなぜ墜ちたか 雪印、そごう、三菱自動車 事件の深層　産経新聞取材班

集団食中毒事件、牛肉偽装事件、放漫経営の破綻、クレーム情報の隠蔽——。繰り返される不祥事と、巨大企業を蝕む病理を問うノンフィクション！

角川文庫ベストセラー